年収が上がる会話の中身

世界の一流は「雑談」で何を話しているのか

ピョートル・
フェリクス・グジバチ
Piotr Feliks Grzywacz

Let's have
small talk like elites do

CROSSMEDIA PUBLISHING

はじめに

日本人は「雑談」を世間話や無駄話と考えている

僕は東欧ポーランドで生まれて、ドイツやオランダ、アメリカで暮らした後、千葉大学の研究員として2000年に来日しました。今から23年前のことです。

日本では、ベルリッツで異文化間コミュニケーションやマネジメントコンサルティング部門を立ち上げたり、モルガン・スタンレーで組織開発や人材育成を担当してから、グーグルに入社し、人材育成統括部長として組織改革やリーダーシップマネジメントに従事してきました。

現在は、起業家、経営コンサルタント、社外取締役として、主に人材・組織開発のためのコンサルティングやコーチング、研修などを手がけています。

これまでに数多くの日本人ビジネスマンと接する機会に恵まれましたが、不思議というか、非常に奇妙に感じていることがあります。

多くのビジネスマンが、口を揃えたように、こんなフレーズから会話を始めることです。

「今日は暑いですね」
「今日は本当に寒いですね」

日本は四季のある国ですから、「日本ではビジネスマンも季節の移り変わりを大切にしているのか？」と思いましたが、実はそうではないとすぐに気づきました。

天気の話は、「雑談」を始めるための常套句だったのです。

日本では、取引先との商談などを始める際に、本題に入る前のイントロダクションとして雑談を交わすのが一般的です。

天気の話に始まり、SNSで話題になっていることや、お互いの業界のウワサ話など、そのほとんどが「**とりとめのない会話**」です。

僕のような外国人が相手であれば、そこに「ピョートルさん、日本の料理では、何が好きですか？」という素朴な質問が加わります。

人によっては、初対面にもかかわらず、「日本の女性は好きですか？」などと無神経なことを聞かれることもあります。

それを聞いて、一体どうするのでしょうか？

寿司や天ぷらが好きと答えれば、ご馳走してくれるのでしょうか？

日本の女性が好きと言えば、素敵な人を紹介してくれるのでしょうか？

日本のビジネスマンは雑談を本題に入る前の「**潤滑油**」と考え、その場を和ませたり、無駄な緊張感を取り除いて、相手との距離感を縮めることを期待しています。

お互いの関係性を深めるのは大事なことですが、僕は「それだけでは、あまりにももったいない」と考えています。

なぜならば、そこが「**ビジネスの場**」であるからです。

グーグル流・雑談の特徴とは？

雑談というのは、日本独特の習慣だと思っています。

雑談の「雑」という文字には、いろいろなものが入り混じって、統一性がないという意味がありますから、日本人の大半が、雑談とは「**取るに足らない話**」とか「**どうでもいい話**」と考えているようです。

雑談に近い意味の英語となると、「small talk」や「chat」、「chitchat」などかもしれませんが、そのニュアンスは日本語の雑談とは大きく異なります。

グーグルでは、「**Let's chat!**」というフレーズが頻繁に飛び交っていました。

あえて直訳すれば、「雑談しましょう！」という意味になりますが、世間話や無駄話をするわけではありません。

アジェンダ（行動計画）が成立していない段階で、お互いのプランや課題をシェアして、「どんなプロジェクトができるのか？」、「どんなアウトプット（成果）を目指すのか？」、「どこに問題があるのか？」などについて、**オープンで「ざっくばらん」な情報交換をすることが目的**です。

グーグルは、全員がフレックスタイムで働いており、仕事をする場所も自宅であったり、カフェであったり、自由に選んでいますから、コミュニケーションの機会を意識的に増やしておかないと、仕事に支障が出る可能性があるのです。

これがグーグル流の「雑談」の正体です。

世界のビジネスシーンで、一流のビジネスマンが交わしているのは、日本的な雑談ではなく、「**dialogue**」に近いものだと思います。

ダイアログとは、「対話」という意味ですが、単なる情報のやりとりだけでなく、話す側と聞く側がお互いに理解を深めながら、**行動や意識を変化させるような創造的なコミュニケーション**……を目指した会話です。

具体的には、次のような5つの意図を持って、ビジネスの相手と対面しています。

①状況を「確認する」
②情報を「伝える」
③情報を「得る」
④信用を「作る」
⑤意思を「決める」

彼らは明確な意図を持って目の前の相手と向き合い、**「雑談」を武器としてフル活用することで、仕事のパフォーマンスを上げ、成果を出す**ことを強く意識しています。

日本のビジネスマンは、本題に入る前の「雰囲気作り」を重視して雑談を交わしていますが、最も大事なのは、**その雑談を通して成果を出すこと**です。

日本のビジネスマンの雑談には、こうした戦略的な視点がスッポリと抜け落ちているのではないでしょうか？

「1on1」ミーティングは単なる面談!?

日本のビジネスマンは、雑談の必要性や重要性は認識していても、雑談に対して苦手意識を持っていたり、**会話が途切れることを必要以上に心配している人が多い**ようです。

それは社外の人だけでなく、相手が社内の人であっても同じです。

最近では、同じチームのマネジャー（上司）とメンバー（部下）が1対1で定期的に話し合いの場を持つ「1on1」（ワン・オン・ワン）ミーティングを実施する企業が増えていますが、そこでは非常にギクシャクした会話が交わされており、期待したほどの成果が得られていないのが現状です。

その原因は、**雑談に問題がある**ように思います。

「１ｏｎ１」ミーティングはメンバー個々のパフォーマンスの向上を目指して、外資系企業や一部のＩＴ企業では10年ほど前から導入されていました。

その背景にあるのは、チームのメンバーがプライベートな問題を抱えていると、著しく仕事のパフォーマンスが落ちるという考え方が定着したことですが、コロナ禍によるテレワークの増加によって、**メンバーの孤立化の問題が表面化したことも、「１ｏｎ１」の実施に拍車をかけています。**

企業が「１ｏｎ１」に期待しているのは、管理職であるマネジャーとメンバーが信頼関係を築き、お互いに「心理的安全性」を保ちながら、仕事のパフォーマンスをアップさせて生産性を向上させることです。

そのためには、マネジャーとメンバーが仕事のことだけでなく、プライベートなことも腹を割って話せるような環境を作ることが大切ですが、現実の「1on1」はアジェンダの進捗状況を確認するだけに留まっており、**単なる「面談」で終わっているケースが多い**のです。

多くのマネジャーは「プライベートな問題も共有していくべきだ」という上からの指示に従って、個人的な話をしたがりますが、日頃から業務連絡以外の会話をしたことがない上司がいきなりプライベートな部分に踏み込んできたら、部下が戸惑うのは当然のことです。

上司は部下を評価する立場にありますから、部下が「**下手なことを話したら、マイナス評価になる**」と身構えて、急に無口になってしまうのも無理はありません。

僕の知り合いの大手企業に勤める女性は、「1on1」の場で、上司から「結婚する予定はあるの?」と無遠慮な質問をされた経験があるそうです。

もしかすると、**その上司は軽い雑談のつもりだったのかもしれませんが、聞かれた**

側の女性はそうは受け取れません。

結婚の予定があるならば、大事なプロジェクトは任せられないとか、昇進はさせられない……という意味の質問と思い、「これは女性差別ではないか？」と不快に感じたといいます。

この女性に限らず、「1on1」の場で上司に不躾な質問をされて、ヘルプライン（コンプライアンスの相談窓口）に慌てて連絡するようなケースも少なくないのです。

日本には「気配り」や「おもてなし」の文化があり、世間の目を気にしたり、人間関係に対しても非常に敏感な人が多いと思いますが、**様々なことに配慮しているわりには、部下とのコミュニケーションが下手であったり、どこか無神経なところがある**のが不思議です。

これは日頃の雑談が決定的に不足していたり、そもそも雑談の本質を理解できていないことに理由があるのです。

目的さえはっきりすれば雑談を楽しめる

多くの日本人ビジネスマンは、「**雑談が上手い人＝おしゃべりが上手で、面白い話をする人**」と考えているようですが、ビジネスの現場では、それだけでは不十分です。世界基準のビジネスの最前線では、「**明確な意図を持ち、そこに向かって深みのある会話ができる人**」こそが「雑談の上手い人」とされています。

小手先のコミュニケーションスキルの問題ではなく、「何のための雑談なのか？」、「目の前の相手にどうなってほしいのか？」といった本質をきちんと理解して、その場に相応しい雑談をすることが求められています。

雑談が苦手と感じている人の多くは、「目的のない会話」が不得意な人たちです。どこに向かっているのかわからないような、ダラダラと長いだけの会話を毛嫌いしている人もいることでしょう。

視点を変えれば、無目的に何かをするのが不得意な人というのは、**しっかりとした**

目的が定まっていれば、最大限に強みを発揮できる人たちだと思います。

明確な意図を持って相手に接すれば、苦手な雑談を「武器」に変えることができるのです。

本書では、雑談を社内や社外の人間関係の構築に活かし、仕事で成果を出すための考え方や実践法を徹底的に掘り下げて詳しくお伝えします。

世界のビジネスマンの雑談との向き合い方や、日本との考え方の違いを知ることは、雑談のスキル向上だけでなく、仕事のクオリティを高めることに結びつきます。

この本が、日本のビジネスマンのマインドチェンジに役立つことを願っています。

2023年3月

ピョートル・フェリクス・グジバチ

第1章

ここが違う！「世界」の雑談と「日本」の雑談

第2章

強いチームをつくる「社内雑談力」の極意

グーグルの強さの秘密を知る！

Part1 グーグルは雑談とどう向き合っているのか？

Part2

なぜ「社内の雑談」が重要なのか？

Part3

マネジャー（上司）に求められる雑談とは？

Part4
メンバー（部下）に必要な雑談とは？

第3章

武器としてのビジネスの雑談

どうすれば結果が出せるのか？

第4章

何を話すべきではないのか？

こんな雑談は危ない！ 6つのNGポイント

第1章

ここが違う!

「世界」の雑談と「日本」の雑談

～日本のビジネスマンの雑談は
世界水準ではない!? ～

日本の雑談には「定番のフレーズ」が多い

僕は母国語のポーランド語ではなく、外国語の日本語と英語を使って、日常の仕事や生活をしています。

日本企業の方々とお会いする際には、日本語で挨拶を交わして、日本語でビジネスの話や「雑談」をします。

日本のビジネスマンと話をすると、「日本語が上手ですね」とお世辞を言われることも少なくありませんが、実は日本語は非常に覚えやすい言語だと思っています。

日本人は気づいていないかもしれませんが、**日常的に交わされる会話には「定番のフレーズ」が多い**という特徴があるのです。

「お疲れ様です、ピョートルさん」

「どうも、お疲れ様です」
「いつもお世話になっております」
「こちらこそ、お世話になっています」

相手と向き合って話をする時だけでなく、電話やメールでも状況は同じです。外国人の目から見ると、おそらく**3分の1は必要がないと思えるほど、決まりきった言い回しが多い**のです。

「**そうですね**」という相槌も日本人の会話に頻繁に登場しますから、こうした「決まり文句」をひと通り覚えてしまえば、日本語を流暢に話せるような雰囲気を作ることができます。

「お世話になっております、ピョートルさん」
「どうも、お久しぶりです」
「今日は暑いですね」

「そうですね」

「お元気ですか？」

「お陰様で、元気にやっています」

「今日は本当に暑いですよね」

「ホント、そうですね」


この会話からわかるのは、「**今日は暑い日**」であり、「**私は元気**」ということだけです。わざわざ言葉を交わさなくても、向かい合うだけですぐにわかるようなことですが、これが日本の雑談の典型的なパターンです。

シニカルな見方をすれば、日本人の雑談は、「**社交辞令**」**と**「**演技**」**と**「**決まり文句**」**の3つで構成されている**といえます。

それは日本人の「奥ゆかしさ」とか「謙虚さ」の表れなのでしょうが、外国人の目には「日本人は本音を言わない」とか、「何を考えているのかわからない」と映っているのです。

一流は「その人」に特化した雑談をしている

英語でも、「How are you?」（最近、どうですか?）と聞かれたら「I'm great,thank you」と答えるなど、一部にお決まりのパターンがありますが、これはヨーロッパの国々では考えられないことです。

僕の母国ポーランドのビジネスマンに、「How are you?」と聞けば、定形のパターンではなく、本質的な答えが返ってきます。

「最近は最悪です。ちょっと仕事が忙しすぎます。ウチのボスがバカなんです」とか、「最近は調子いいですよ。この間、出世しました」など、**自己開示をしながら中身のある雑談を始めます。**

日本のような定形の雑談が交わされることは、めったにありません。

自己開示とは、プライベートな情報を含めて、**自分の「思い」や「考え方」などを相手に素直に伝える**ことです。

自己開示をすると、相手に「自分がどんな人物なのか？」を知ってもらえますから、警戒心を解きやすくなり、**お互いの心理的な距離を縮める**ことができます。

自然と相手も自己開示しやすい雰囲気ができるため、一歩踏み込んだ関係性を生み出すことにつながります。

コミュニケーションにおける自己開示は、信頼関係を築くために欠かせない大事なポイントと考える必要があります。

日本の雑談は定番のフレーズの後ろに隠れることで、自己開示をしない、あるいは自己開示をしなくて済む雑談が多いのですが、ヨーロッパの国々では、決まったフレーズはなく、「**その人」に特化した雑談になる**ことがほとんどです。

「今日は暑いですね」という会話が始まれば、「そうそう、今年の夏は暑いですね」となるのではなく、「これだけ暑いと、週末は何をしているんですか？」という話に発展します。

「週末はサーフィンをやっています」

「サーフィンがお好きなんですね。私は山が大好きで、休日は家族と山でキャンプを楽しんでいます」

すぐに自己開示をして自分のことを知ってもらおうとするだけでなく、**自己開示できるような質問をする**という特徴があります。

自己開示には、自分のアイデンティティ（個性）を表現するだけでなく、自分がプライドを持てる話をするという意味があります。

日本人が「自己開示」に慣れていない理由

僕の知人にヨーロッパの企業で10年近く働いていた日本人の男性がいますが、彼の話によると、ヨーロッパのビジネスマンは「自分を知ってもらう」ために、あまりにもオープンに自己開示をするので驚いた経験があるといいます。

日本人は、天気の話をして、その次に何の話をして……と順を追って話をすることばかり気にしていますから、ヨーロッパの人たちが自分の家族の話などを率直に話して、みんなで「和む」というビジネスの現場に出会って、カルチャーショックを受けたそうです。

ヨーロッパやアメリカでは、「**社交的な会話**」**ができることが美徳**とされています。

社会や政治、経済、歴史など、あらゆることについて自分なりの意見を持ち、それを話すことは「大人の嗜《たしな》み」と考えられています。

欧米の人たちは、子供の頃から自分の意見を持ち、それを表現して自己開示する……という教育を受けていますが、日本ではそうした教育は重要視されていません。

決められたカリキュラムを学ぶとか、受験勉強でも暗記が優先されていますから、**自分の頭で考えて、自分の意見を持ち、それを表現することに慣れていない**のだと思います。

日本では、丸暗記の受験勉強を経て大学に進み、そこを卒業したら、新卒で会社に就職するのが一般的です。

会社に入れば、新入社員研修を受けて、人事部などが適正を判断して各部署に配属するというシステムが確立されていますから、「**自分が何をしたいのか?**」とか、「**どうなりたいのか?**」**を真剣に考えなくても、一社会人として働ける**ような仕組みができあがっています。

自分の選択肢が社会的に用意されているというのは、便利で楽チンである反面、個人としての意見が持ちづらい、持つ必要がない社会を生み出しているように思います。

日本が小さな「村社会」の集合体で成立していた時代であれば、「今日は暑いですね?」という会話にも、それなりの意味があったと思います。

暑い日に野外で頑張って働きすぎると身体を壊すこともありますから、相手の健康を気遣う「思いやり」や「労い」の言葉であるからです。

もしかすると、「今日は暑いですね?」という定番フレーズは、大昔の名残りとして引き継がれているのかもしれませんが、時代は大きく移り変わっています。

現在は、日本でも「ダイバーシティー&インクルージョン」(多様な人々がお互いの個性を認め、一体感を持っている状態)の考え方が強くなっているのが現状です。

多種多様な価値観を持つ人たちと良好な人間関係を構築し、お互いに信頼感を深めていくためには、雑談を通して自己開示していくことが大事だと思います。

自己開示の前に「自己認識」する必要がある

ビジネスの雑談では、その内容を通してお互いのビジネスセンスや考え方、仕事に対する取り組み方などを伝え合うことが求められています。

そのためには、双方が自己開示をすることが大切ですが、自己開示の前段階として「自己認識」をする必要があります。

「きちんと自分自身と向き合う」と言い換えてもいいかもしれません。

大切なのは、次の３つについて、改めて見つめ直してみることです。

①「価値観」　何を大切にしているのか？

②「信念」　何が正しいと思っているのか？

③「希望・期待」　何を求めているのか？

この3つのポイントを自分に問い続けて、それを明確に自分の中に持っていれば、相手が雑談で求めているような自己開示が可能になります。

もっとシンプルに考えるならば、**自分が「何が好き」で、「何が嫌い」なのか、自分に問いかけてみる**のでもいいかもしれません。

お酒が好きでもない人が、飲み会に誘われるのは迷惑なことです。

サッカーに興味のない人が、休日にサッカー観戦に誘われると重荷になります。

なぜ好きでもないものに誘われるのかといえば、**自分が「好きではない」と自己開示していない**ことに理由があります。

相手は好意で誘ってくれているのですから、すべての原因はそれを伝えていない自分にあるのです。

大切なのは、次のようなプロセスを認識しておくことです。

・「自己認識」する

・**「自己開示」する**
←
・**「自己表現」する**
←
・**「自己実現」する**
←

外国人としてだけでなく、人材育成のコンサルタントの立場から見ても、**日本のビジネスマンには「自己認識」と「自己開示」が圧倒的に足りていない**と思います。
きちんと自己認識して、自己開示ができれば、自然と雑談で話す内容も変わってくることになります。

日本のビジネスマンが自己開示に慣れていないのは、雑談だけでなく、その前段階の**自己紹介**にも表れています。

何かの集まりで職業を尋ねられると、ほとんどの人が「会社員です」とか、「サラリーマンです」と答えますが、これでは何の情報にもなりません。

有名企業に勤めていたり、一流大学の出身であっても、そこに固有名詞が加わるだけで、あまり状況は変わらないようです。

「○○自動車の田中です。大学は慶応です」

立派な経歴ですから、本人の承認欲求は満たされるかもしれませんが、それを聞いても、ステレオタイプのイメージが湧くだけで、**「その人となり」についてはは何ひとつ得られるものがありません。**

これが日本のビジネスマンの典型的なパターンだと思います。

なぜ日本のビジネスマンは雑談が苦手なのか?

日本のビジネスマンは、雑談を「**本題に入る前のイントロ**」と考えています。

その日のメインテーマに入る前の軽い挨拶と解釈していますから、自分が選択できる「無難」な話題を選んで、相手に失礼にならないことだけを祈りながら、手探り状態で雑談をスタートさせます。

多くのビジネスマンが、雑談に対して苦手意識を持っている原因は、この考え方そのものにあると思います。

手探り状態で無難な話題を口にしていると、たくさんの不安が芽生えてくるのです。

・相手は興味を持って聞いているのだろうか?
・どうでもいい話と思われていないか?

・会話に詰まってしまうのではないか？
・話が途切れてしまうのではないか？
・このままでは盛り下がるのではないか？

その場の空気が読める人ほど、雑談に対してナーバスになる傾向があり、「**そもそも、何を話せばいいのかわからない**」という人も少なくありません。

友人や知り合いとのプライベートな雑談であれば、無駄話や世間話でも十分に楽しい雰囲気になりますが、ビジネスの場では、それを期待することは難しいと思います。

なぜならば、**お互いに利害関係があり、双方が成果を求めて対面しているから**です。

日本語の「雑談」には、テーマを定めない「とりとめのない会話」というニュアンスがありますが、それが成立するのはプライベートな場合に限られます。

ひと口に雑談といっても、プライベートとビジネスの場では、明確に区別して考える必要があります。

雑談を通じて「ラポール」を作る

世界の第一線で活躍するビジネスマンは、明確な意図や目的を持って、雑談を「武器」として活用しながらビジネスの相手と対峙しています。

思いつきの世間話でお茶を濁すのではなく、あらゆる角度から検討して、可能な限り「戦略的」に雑談を構成しているのです。

彼らが雑談を通して「手に入れたい」と考えているのは、次の3つのことです。

①お互いに「信頼」できる関係を築く

②お互いが「信用」できることを確認する

③お互いを「尊敬」できる関係を作る

雑談を通して、「信頼」と「信用」、「尊敬」のある関係を築いて、**心理学でいう「ラポール」を作る**ことを目指しています。

ラポールとは、お互いの心が通じ合い、穏やかな気持ちで、リラックスして相手の言葉を受け入れられる関係性を指します。

世界のビジネスマンは、目の前の相手とラポールを作ることを目指して、そこに向かって雑談を組み立てていきます。

ビジネスの場の雑談ですから、最終的な目標が成果を出すことにあるのは当然ですが、**そのための第一ステップとして、雑談を上手に活用している**のです。

日本のビジネスマンも、相手と信頼関係を築くことを狙って雑談をしていると思いますが、ここまで明確にイメージしている人は少ないように思います。

天気の話や思いつきの世間話でラポールを作るのは、不可能に近い作業です。

その場の雰囲気は和やかになったとしても、それが求めているような成果に結びつくことは至難の業です。

日本的な雑談を否定するつもりはありませんが、今日のような変化の激しいビジネス環境で結果を出していくためには、考え方を改める必要があると思っています。

ひとつの質問だけで、多くの情報が得られる

目の前の相手が、そもそも「**どういう人で、何を大切にしているのか？**」を「exploration」（探査）することも雑談の大切な目的のひとつです。

例えば、「ご家族はいらっしゃいますか？」という質問をひとつするだけで、たくさんの情報を得ることができます。

相手が「妻と3歳の男の子がひとり」と答えたならば、「普段はご家族とどんな時間を過ごしているのですか？」と質問を重ねることで、これからの交渉の進め方の手がかりを入手することが可能になります。

相手が子供のことが大好きで、仕事が忙しいけれども、できるだけ早く帰って子供と一緒にいる時間を作りたい……と考えているのであれば、「この後、飲みに行きませんか?」と誘うのではなく、「**できるだけ短時間で面談を終えて、早く帰れるようにしましょう**」と伝えることができます。

お酒を飲みながら夜に打ち合わせをするのではなく、ソーシャルタイムは昼食の時間帯に設定するという選択肢が生まれます。

場合によっては、夜6時以降はお互いに電話やメールをしないという暗黙の了解も生まれます。

こうした配慮を積み重ねていけば、時間と共に信頼関係が結ばれるようになって、ラポールを作り出せます。

世界の一流は、雑談を「チャンス作り」の第一歩と考えて、戦略的に活用しているのです。

目の前の相手に対して「無条件の肯定的関心」を持つ

ビジネスの場で交わされる会話は、すべてが「営業行為」と考える必要があります。

何らかの価値を相手に提供し、それと引き換えに何らかの価値を得る……。

その一連の行為が会話であり、雑談なのだと思います。

人と人が交わす会話には、必ず「意図」があります。

いくら会話をしても、そこに意図がなければ、人間関係は成立しません。

世界のビジネスマンにとっては、その意図を達成するためのツールが雑談なのです。

商談などのビジネスの場で、信頼、信用、尊敬のある関係を築いて、ラポールを作る……という意図を実現するためには、目の前の相手に対して、興味や好奇心を持って向き合うことが大切です。

アメリカの心理学者カール・ロジャースが提唱した「**無条件の肯定的関心**」と言い換えてもいいかもしれません。

無条件の肯定的関心とは、相手の話を良し悪しや好き嫌いで判断せず、「**なぜそのように考えているのか?」を肯定的に知ろう**とすることです。

予断や偏見、思い込みを捨て、あるがままに相手の話に耳を傾ければ、相手は安心して話をすることができますから、会話のキャッチボールが成り立ちます。

無条件の肯定的関心を持って雑談に臨めば、ビジネスの場で一方的に持論をまくしたてるような「愚かな雑談」は避けることができます。

ここで大切なのは、無条件の肯定的関心だけでなく、「**empathy**」(**エンパシー**)**を持って会話をすること**です。

エンパシーは「共感」と訳されていますが、厳密には、自分と異なる考え方や価値観を持つ相手に対して、「相手が何を考えているのか?」とか、「どう感じているのか?」を想像する能力を指します。

ただ相手の考えや気持ちを理解したり、想像するだけで終わるのではなく、**「相手の感情に合わせる」**ことや、**「相手の隠れた意図を汲み取る」ことまでを含みます。**

相手の気持ちを理解しただけで、何も行動をとらない、アクションを起こさないのでは、「気が利かない人」という印象を与えてしまうだけです。

ポジティブな気持ちであれば、それを継続させたり、強調させるような工夫が大事であり、逆にネガティブな気持ちであれば、それを軽減させるような対応が求められます。

日本は世界に類がない「ハイコンテクスト社会」

欧米と日本の雑談の違いは、日本が「ハイコンテクスト社会」であることにも理由があると考えられます。

コンテクストとは、空間的、時間的、社会的な「場面」、「文脈」、「背景」といった意味合いを含む心理学の概念です。

日本は民族の多様性が小さく、価値観や慣習が似通っているため、明確に言葉で表現しなくても、その場の雰囲気や顔の微妙な表情によって、相手に自分の意図が伝わるという社会が形成されています。

「以心伝心」という言葉に象徴されるような、相手の気持ちや意図を「**察する**」とか「**忖度する**」、「**空気を読む**」、「**行間を読む**」というコミュニケーションが成立しやすい社会であり、そもそも自己開示の必要がなかったり、自分の好みを相手に伝えることが必ずしも美徳とは考えられていません。

日本は世界でも類がないほどの「ハイコンテクスト社会」と位置づけられています。

これに対して、欧米の国々は人種や文化、価値観がバラバラですから、**言葉でストレートに情報交換をする必要があります。**

自分の意見を相手にハッキリと伝えることで会話が成り立つ「ローコンテクスト」な社会が形成されているのです。

欧米には個人主義の文化が根ざしていますから、自分のアイデンティティを表現して、相手のアイデンティティとの間で「摩擦が起きないか？」をすぐに確かめようとする習慣があります。

たとえ5分でも雑談する時間があれば、積極的にお互いのことを語り合って、人間関係を深めるチャンスにしようと考え、意図を持った会話を交わします。

相手とビジネスで向き合っているのであれば、アメリカであれ、イギリスであれ、欧米諸国は日本よりも結果主義の傾向が強いですから、仕事につながる話や楽しく学べるような話をして、**お互いに少しでも意味のある会話をしたい**と考えているのです。

ビジネスの雑談は「BtoB」ではなく「CtoC」

雑談でラポールを作ることは、極めて大事なポイントとなります。

目の前の相手とラポールを作れないと、どれほど説得したり、売り込んだとしても、相手が意思決定をすることはありません。

それが優れたサービスやプロダクトであったとしても、ラポールが作れなければ、成果に結びつくことは難しいと思います。

相手が予算を含めて何かを決める立場にあるならば、「この人でいこう」とか、「この人たちに任せたい」と思わせるような「**心の動き**」を**作る必要がある**のです。

・当社のことをしっかりと調べて理解している
・考え抜かれた面白いプランを持っている

・他社と違う視点があり、本質がわかっている

雑談によって、こうしたことを相手に伝え、相手がそれを納得することで、ようやく心の動きが始まります。

流動的で変化の激しい現代のビジネスでは、商談やプレゼンの場で効果を発揮するのは、マーケティング戦略でいう「B to B」(Business to Business ＝会社対会社)の関係ではなく、あくまで**「C to C」(Consumer to Consumer ＝個人対個人)の関係性**です。

会社の看板や規模で押し切れるほど、現在のビジネス環境は甘くありませんから、**戦略的な雑談がますます重要な時代になっている**と考える必要があります。

欧米の一流は周到な「準備」をして雑談に臨む

欧米の一流のビジネスマンは、しっかりと事前準備をして雑談に臨んでいます。

IRレポートなどを読み込んで相手先の会社の経営状態や業績の実績、今後の見通しを知っておくことは当然ですが、SNSで近況を検索したり、同僚や友人、知人を通じて、「相手はどんな人なのか？」という情報を徹底的に調べた上で対峙しています。

事前に「武器」を準備して、雑談のストーリーを描いているのです。

例えば、自社のプロダクト（商品）を相手先にプレゼンテーションする場合を考えてみましょう。

欧米の一流ビジネスマンは、スライドやパワーポイントで作成したプレゼン資料を準備するだけでなく、相手企業に関する業界ニュースなどに目を通して現状を把握するのはもちろん、担当者の仕事との向き合い方や考え方、家族構成、趣味・趣向などを徹底的に調べ上げて事前準備を整えます。

その担当者にピンポイントで照準を合わせて、武器（雑談）を用意するのです。

・どんな情報を求めているのか？
・何を知りたがっているのか？
・何を心配して、何を不安に思っているのか？
・どんなプロセスでプレゼンすれば納得するのか？
・相手はどのタイミングで意思決定をするのか？
・最終決定は誰がするのか？

こうした視点から総合的に判断して、適切な雑談をスタートさせます。

「ご長男の太郎さんは来年には中学生になられるそうですが、受験はされるんですか？　最近の中学受験はこんなことがポイントになっているようですね。そのための準備としては……」

相手が最も関心を寄せている話題について、有益な情報を提供することで、「信頼」「信用」「尊敬」を得るための第一歩を踏み出しているのです。

僕が大切にしている英語の名言に「I'd like to finish my work before I start it」というものがあります。

「**仕事を始める前に、それを終わらせるのが好き**」という意味ですが、世界で活躍するビジネスマンは確実に成果を得るために、周到な準備を整えて相手と向き合い、本題に入る前に仕事を終えてしまう……くらいの覚悟を持って雑談をしているのです。

日本のビジネスマンの50%は「事前準備」をしていない

正確な統計データがあるわけではなく、あくまで個人的な印象ですが、日本のビジネスマンの半数くらいは何の準備もせずに雑談をしているように思います。

ほとんどの人は、必要最低限の事前準備はしているものの「細切れ」の情報を投げかけることが多いため、ラポールを作れる状況には、あまりならないように感じています。

僕の会社を訪ねてくるビジネスマンの多くは、僕を説得して協力を頼みたいとか、何らかの目的があるはずですが、**予備知識を持ってやってくる人というのは、それほど多くない**ようです。

僕の著書を読む時間がなかったとしても、事前に5分くらいネット検索をすれば、いろいろな情報を得ることができます。

最低限のことだけでも知っておいてもらえると助かるのですが、開口一番「お国はどちらですか?」と聞かれたり、「和食は好きですか?」と尋ねられるのでは、こちらのモチベーションにも影響します。

「和食が嫌いなら、23年も日本にいませんよ!」と無愛想に言いたくなるのを我慢するのが大変なくらいです。

日本のビジネスマンでも、**仕事ができる人は事前に情報を集めて、鋭い質問を投げかけてきます。**

「この本にはこう書かれていたのですが、私はまったく違う見方をしています」

こんな話が飛び出せば、僕としては、思わず身を乗り出して真剣に話に耳を傾けます。

「なるほど、それは面白い考え方ですね」

こうして雑談が始まれば、短時間のうちに「この人は仕事ができそうだな」とか、「信頼できそうな人だな」と思えるようになり、お互いがリラックスして本題に入ることができるのです。

人によっては、**面談の前に電話やメールで連絡をしてくる**こともあります。

「明日、１時間いただくことになっていますが、その前にひとつだけ確認しておきたいことがあります」

事前に疑問点を明らかにして、適切な情報を整えようとしているのです。

こうした工夫ができる人は、例外なくいい仕事をしています。

できる人ほど、前もっていろいろ調べて、有益な情報をもたらしてくれます。

一流が雑談に求めているのは「リベラルアーツ」

ヨーロッパの国々では、日本やアメリカと比べて「**教養**」**が重要視**されています。ビジネスで雑談をする場合でも、相手が大学を出ているならば、それなりの知識を持っていることを前提として、会話が進んでいきます。

専門知識はそれぞれ違っても、歴史や政治、アートなどについて、「**このレベルの話はできるはず**」という水準を見越して話題を選んでいます。

日本では、入学試験さえ乗り切れば大学を卒業することができますが、ポーランドやフランス、ドイツでは、成績が悪ければ1年目でも大学を追い出されます。ものすごく勉強をする必要がありますから、そこを卒業したのであれば、相当に知識があるだろうと考えられているのです。

日本のビジネスマンは雑談を潤滑油と考え、その場の緊張感を解きほぐして相手との心理的な距離感を縮める効果を期待していますが、**世界のビジネスマンが雑談に求めているのは、「リベラルアーツ」**です。

リベラルアーツとは、日本語では「一般教養」と訳されていますが、元来の意味は、人間を束縛するものから開放するための知識とか、生きるためのチカラを身につけるための手法を指します。

世界のビジネスマンは、雑談を学びの場と考え、**お互いの人生を豊かにするための知識や情報を「やりとり」する時間**と捉えていますから、雑談を世間話や無駄話と考えている日本のビジネスマンとは、良くも悪くも、向き合い方に大きなギャップがあります。

そうしたギャップに、僕も何度となく驚かされています。

「お国はどちらですか?」と聞かれて、「ポーランドです」と答えると、海外では「ポーランドといえば、これこれこうですね」とか、「こういう歴史がありましたね」という話に発展するのが一般的ですが、日本ではまったく異なる話が始まります。

「ポーランドは何語ですか？　ポーランド語って、あるんですか？」

あまりにも歴史や地理の知識がないことに、正直、衝撃を受けてしまいます。

居酒屋の雑談であれば、笑い飛ばすこともできますが、それがビジネスの場となると、こちらの受け止め方も変わります。

その相手は、日本の一流大学を卒業していたり、世界を相手に仕事をしている商社マンだったりするので、日本はつくづく不思議な国だと思ってしまうのです。

「グローバル」な視点と「トランスナショナル」な考え方

世界で活躍するビジネスマンが雑談で重要視しているのは、「グローバル」な視点と国の枠組みを超えた「トランスナショナル」な考え方です。

それぞれの国によって、文化や価値観が大きく異なりますから、**その違いをどう乗り越えて信頼関係を築き、ビジネスで成果を出していくか**……に意識を集中させているのです。

例えば、日本は集団主義でオランダは個人主義とか、日本はハイコンテクストでアメリカはローコンテクストなど、文化や習慣の違いを考えます。

もうひとつは国別のコンセプトで、日本であれば、考え方に裏と表があるとか、恩返しという習慣があるなど、多面的なアングルでアプローチを模索しています。

自分の国の特性を知っておくことは、自分のアイデンティティの一部ですから、ごく当たり前のことですが、**日本人は日本の歴史や伝統について、あまりにも無関心というか、無頓着な人が多い**ように思います。

日本のビジネスマンの中には、僕の顔を見ただけで、すぐに英語で話しかけてくる人がいます。

交流会などに行って、複数の日本人ビジネスマンと日本語で雑談しているところに、後から合流してきたビジネスマンが、名刺を差し出しながら、いきなり英語で話し出したりするのです。

今どき、「白人はすべて英語をネイティブにしている」と考えているのもどうかと思いますが、ビジネスの場でアメリカで覚えたようなスラング混じりの英語で話すのですから、二重の意味でアウトだと思います。

日本では、フランス人が英語で話しかけられるのを嫌っていることは知られていますが、イギリスは例外として、ヨーロッパの人の大半は英語の会話を嫌います。
母国語ではない言語で会話をすることは、きちんと意思の疎通ができるのか不安があり、話題や知識、質問も制限されますから、**仮に英語が話せるとしても、できるだけ避けたい気持ちがある**のです。

日本という場所で、日本人を相手に日本語で話をしているところに、なぜ無遠慮に日本人が英語で話しかけてくるのか、その理由が理解できません。

「僕は英語が話せますよ」というアピールでしょうか?
一緒に話している日本人に対して、マウントを取りたいのでしょうか?
あるいは、英語を話している自分に酔っているのでしょうか?

どんな理由であれ、**明らかなマナー違反ですから、繊細さに欠けるヤツ**と判断されてしまうと思います。

僕は英語で話しかけられても、相手が日本人であれば英語では反応せず、日本語で答えるようにしています。

お互いがネイティブな英語スピーカーでないのですから、無理に英語で話す必要がないからです。

気の利いている人であれば、「**英語で話してもいいですか？**」という確認の言葉があって、お互いの理解を深めるために、あえて英語を選択すると思います。

「何のために相手に会うのか?」を見つめ直す

雑談を苦手と感じたり、どうも上手くいかないと思っている人の多くは、その意図や目的を見失っているため、本質的な会話ができていないように思います。

雑談で何を話すかを考える前に、「**何のために相手に会うのか?**」という根本的なテーマを改めて確認する必要があります。

・今日、相手に会う目的は何か?
・お互いに何が知りたいのか?
・どんな関係性を作りたいのか?
・その関係性は短期か長期なのか?
・相手は何を理解すれば納得するのか?

テーマの整理ができれば、俯瞰して考えてみたり、長期的な取り組み方を考えるなど、相手との接し方を工夫することができます。

そこがわかれば、雑談の準備も方向性が見えてきます。

その日の「本題」ばかりが気になって、こうした視点を見落としているケースが意外と多いように思います。

「出たとこ勝負」の雑談をしても勝ち目はない

事前の準備が大切なことは、１対１の面談だけではなく、複数の人たちが顔を合わせる会議の場であっても同じことです。

世界のビジネスマンは、会議のアジェンダに関する資料だけでなく、**参加者個々のデータを収集して会議に臨んでいます。**

・会議の参加者はどんなメンバーなのか?
・それぞれがどんな意見を持ち、どんな見方をしているのか?
・この会議でどんなことを聞きたいのか?
・何を肯定材料と考え、何が否定材料になるのか?

日本のビジネスマンは、「根回し」に悪いイメージを持つ人も少なくないようですが、会議の目的は「相手を説得して結果を出す」ことですから、事前にできる限りの情報を集めて準備を整えるのは当然のことです。

相手がどんな状況で会議に臨んでいて、何を知りたがっているのか？　あらゆる状況を想定して、その突破口を雑談レベルで切り開いてから、本題に入ることは、ごく当たり前の手法となっています。

「出たとこ勝負」の雑談をしても、勝ち目はありません。

彼らは「**目的につながらない雑談は意味がない**」と考えているのです。

相手の表情やその日の様子を確認しない人が多い

新入社員や仕事ができないビジネスマンには、名刺交換を終えると名刺ばかりに注目して、**相手の表情やその日の様子をまったく確認しない**人が少なくありません。

相手が誰であっても同じような対応しかできず、口を開けば、「いやぁ、今日は暑いですね」という紋切り型の雑談を始めますから、これでは人間関係の構築は難しいと思います。

世界のビジネスマンは、相手の表情や佇《たたず》まい、服装、仕草などを冷静に観察して、その場で確認の言葉を投げかけます。

準備していた質問や雑談を筋書き通りに話すのではなく、**相手の状況に応じて、臨機応変に対応を変えている**のです。

「お疲れのご様子ですが、何かありましたか？」

「実は、小学生の息子がケガをしちゃって、午前中は半休を取っていたんです」

相手が不安を抱えている状況では、準備した雑談をしても相手に刺さることはなく、逆にイライラさせるだけです。

優先すべきは、相手の気持ちに寄り添って、それを尊重する姿勢です。

「息子さん、どうされたんですか？」

「野球をやっていて、骨折したんです」

「それはご心配ですね」


仕事のできるビジネスマンは、**相手の心情を無視して、無理にビジネスの話に踏み込むようなことはしません。**

彼らは相手のコンディションを度外視してビジネスを進めても、決していい結果が得られないことを熟知しているからですが、そもそも「次」につながるような情報はすでに得られているため、無理をする必要がないのです。

相手には「小学生の男の子」がいて、「野球」をやっており、「骨折」してしまった……というのは、ファクトベースのリアルな情報です。

次に会った時には、**「その後、息子さんのお加減はいかがですか？」**という雑談をすることができます。

人によっては、「息子さんに、これをプレゼントさせてください」といって野球関連のグッズを差し出すこともあります。

計算や打算ではなく、「C to C」（個人と個人）として誠実に向き合っていけば、やがて信頼関係が結ばれて、ラポールを作ることができると考えているのです。

信頼関係は一度や二度くらい会っただけで築けるものではありませんから、「この先」を見据えて、長期的な視野を持つことも大切です。

そのためには、目の前の相手の状態をきちんと観察し続けて、常に実直な行動を心がける必要があるのです。

「トランザクション文化」と「リレーション文化」

海外と日本では、ビジネス相手との付き合い方にも大きな違いがあります。

アメリカやイギリスなどのアングロサクソン系の人たちは、ビジネスが成立するか、少なくともある程度は一緒に仕事をしてから、「ちょっと、一杯どうですか？」と誘い合ってお酒を飲みに行きます。

最初にビジネスがあり、その後で付き合いが始まるという、いわば「トランザクション」（商取引）の文化があります。

アングロサクソン系の人たちの飲み会は、ほとんどが「打ち上げ」となり、今後の付き合いを深めていくために、お互いの人間性を確認し合うような雑談を交わします。

営業の仕事であれば、お酒を一緒に飲む相手は「既存顧客」ですから、「これからも、よろしく」的な意味合いを込めて、お互いの信頼関係を築いていけるような雑談を目指します。

これに対して、**日本はビジネスが成立する前の段階で、「どうぞ、よろしく」とお酒を酌み交わし、**お互いの関係性を深めてから一緒に仕事を始めます。

いわば、「リレーション」（人間関係）の文化です。

日本では、ビジネスを成立させるための雑談が求められますから、相手に安心感を与え、不安なく仕事ができるという状況を作ることが大切ですが、**どうしても「接待」的な意味合いが強くなる傾向がある**ようです。

人間関係を成立させるための打ち上げ的な雑談と、ビジネスを成立させるための接待的な雑談の違いは、国民性の違いであるだけでなく、ビジネススタイルの違いでもあります。

ビジネスのグローバル化が加速している現在、こうしたスタイルの違いがあることも、予備知識として知っておく必要があります。

無意味な雑談によって失う「3つ」のもの

僕は初対面の方と面談する際には、目の前の相手に意識を集中して、「**この人は、こういう人かな？**」と推測しながら話をしています。

表情やファッション、話し方、目の動かし方、所作などを手がかりに仮説を立てて、その人の信念や価値観に触れるような「質」の高い雑談をしたいと考えているのです。

僕が考える理想の雑談は、**お互いに学びのある情報を交換して、信頼関係を結ぶためのプロローグとなるような会話をする**ことです。

お互いに少しずつ自己開示しながら歩み寄れば、自然と会話が弾みます。

話の中に出てきた単語に質問を重ねていけば、次第に会話が深まり始めて、相手の趣味や思考が理解できます。

その日のアジェンダと同じように、雑談も大切にしているのです。

僕にとって、人と会うことは常に「学び」のあることですが、残念ながら必ずしもそうならないこともあります。

「今日は雨が降りましたね」とか、「駅は混んでいましたか?」から始まるような無意味な雑談が延々と続くと、顔には出しませんがガッカリしてしまいます。

正直なところ、**「意図がない雑談をするならば、口を開かなくて結構です」**と言いたくなるのはこんな時です。

僕は無意味な雑談によって、失うものが３つあると考えています。

①貴重な「時間」を奪われる

お互いに貴重な時間を使って面談をしていますから、意図や目的のない雑談を延々と続けることは時間の無駄です。

相手に好奇心を持って質問をするのではなく、**「今日は暑いですね?」という類の問**

いかけは「時間を無駄にする質問」だと思っています。

日本には「奥ゆかしさ」とか「控えめ」を大切にする文化がありますが、ビジネスの場ではそれが逆効果になることがあります。

相手に「時間の無駄だったな」と思わせてしまったら、ビジネスそのものが失敗に終わってしまうのです。

②ビジネスの「可能性」がなくなる

ビジネスの現場では、役職を含めて相手の立場が上になるほど「最新の情報」や、「価値のある情報」、「他では聞けないような情報」を切実に求めており、相手にもそれを要求します。

相手企業の幹部クラスと会うことはビッグチャンスにつながる可能性がありますが、**相手に「刺さる」会話ができなければ、確実にチャンスは消滅します。**

相手が海外企業や外資系企業であれば、「お話はもう結構です」と途中で席を立たれてしまうことだってあるかもしれません。

ビジネスのグローバル化が進んでいる現在は、「今日は暑いですね」式の雑談は不要と考える必要があります。

③「レピュテーション」（評判）をなくす

相手が興味を持つような雑談をして、「興味深い」、「役に立った」、「価値がある」と考えるようになれば、「もう一度お会いして話が聞きたい」とか、「もう一度お会いする必要がある」という好循環が生まれて、ビジネスチャンスが生まれます。

逆に、**月並みな雑談でお茶を濁していたのでは、お互いに信頼関係を築くことができず、**アジェンダに向かって協力していくような体制作りが難しくなってしまう可能性もあるのです。

僕は「**人間の魅力は雑談に基づいている**」と考えています。

相手と良好な関係を作っていくためには、相手を知り、自分を知ってもらうことが重要ですが、それこそが雑談の重要な役目なのです。

雑談を大事にすることは、相手を大事にすることとイコールです。

だからこそ、自分勝手で無意味な雑談ではなく、相手を大切にした目的のある雑談が求められているのです。

第2章

グーグルの強さの秘密を知る!

強いチームをつくる「社内雑談力」の極意

～なぜ雑談で会社の生産性がアップするのか?～

「社内コミュニケーション」は転換期を迎えている

ここからは、僕が働いていたグーグルの例を紹介しながら、日本企業の「社内の雑談」にスポットを当てます。

この章でお伝えしたいポイントは、海外の企業やビジネスマンは社内の雑談を単なる「親睦」のためではなく、**生産性を上げてアウトプット（成果）を出すための重要なツールとして戦略的に活用している**……という点です。

社内の雑談の在り方を考えるためには、全方位的な視点で見る必要があります。

最初に会社としての取り組み方の違いに触れてから、チームのマネジャー（上司）やメンバー（部下）の視点に立って、次のような構成で雑談の在り方をお伝えします。

【Part①】グーグルは雑談とどう向き合っているのか?
【Part②】なぜ「社内の雑談」が重要なのか?
【Part③】マネジャー(上司)に求められる雑談とは?
【Part④】メンバー(部下)に必要な雑談とは?

僕が社内の雑談に着目した理由は、日本企業の「社内コミュニケーション」が大きな転換期を迎えていることにあります。

その背景には、次のような3つの要因が複雑に関係しています。

①「ダイバーシティ&インクルージョン」という視点

日本の各企業は現在、「ダイバーシティ&インクルージョン」に積極的に取り組んでいます。

ダイバーシティ&インクルージョンとは、性別や年齢、国籍、文化、価値観など、多様なバックグラウンドを持つ人材を受け入れ、その能力を幅広く活用することで、新たな価値を創造する……という「成長戦略」のひとつです。

ダイバーシティは「多様性」、インクルージョンとは「受容性」を指します。

企業が積極的に取り組む理由は、①少子高齢化による働き手の減少に対応するため、幅広い人材の確保が急務②ＳＮＳの普及によって顧客のニーズや価値観が複雑化したことで、それをスムーズに把握できる柔軟なシステム作りが必要……という点にあります。

経済産業省が大号令をかけていることも、その動きに拍車をかけています。

各企業は、中長期的な経営戦略の中にこうした視点を盛り込むことで、様々なアプローチによって問題の解決を目指していますが、そこで導き出された解決策のひとつが、**「立場の異なる社員が、自由に意見を言い合えるような環境作り」**という考え方です。

「１ on １」ミーティングを導入する企業が増えているのも、その一環といえます。

日本企業は現在、「どうすれば多様な価値観を受け入れ、その能力を十分に引き出すことができるのか？」という難しい課題と向き合っており、**「日常的に意思の疎通を図ることの重要性」**に関心が高まっています。

②出口が見えない「働き方改革」の問題

日本企業は、長時間労働を抑制するための「働き方改革」を進めていますが、その一方で、「働きがい」や「働きやすさ」、社員同士の「エンゲージメント」（深いつながりをもった関係性）など、**労働時間を短くするだけでは解決できない新たな課題に直面し**ています。

その結果として、経営陣だけでなく、現場で働く人たちの間でも**「日常的な会話が不可欠」**という認識が再確認されています。

③パワハラ&セクハラ意識の高まり

日本企業が「コンプライアンス」の徹底を強化していることで、最近では、パワハラやセクハラを恐れて、**上司が部下を満足に叱れない**など、社内のコミュニケーションの在り方が問われる場面が増えています。

上司と部下の関係に限らず、社内全体のコミュニケーションを円滑化させる……という考え方が、現場レベルでも重要視されています。

企業を取り巻く環境や意識が大きく変化したことで、社内における雑談の「意味」や「意義」について、改めて見つめ直す必要があるのです。

上司の指示や意見は「絶対」と考えられていた

こうした問題が顕在化したのは、日本企業の体質の変化が密接に関係しています。日本企業の多くは、終身雇用や年功序列を前提とした「家族主義」を貫いてきましたが、１９９０年代初頭のバブル崩壊によって体質改善を余儀なくされ、欧米流の成果主義に舵を切ったことで、現在ではそれが主流になりつつあります。

昭和の時代は、上司の指示や意見は「絶対」と考えられていました。会社のトップが「右」といえば、全社一丸となって右に向かうのが当然のこととされていましたが、**現在では誰の判断が正しいのかわからないような時代**となって、上司そのものがジャッジに迷うような時代になっています。

僕は日本の大手企業の管理職の人が、飲み会の席でこんな話をしているのを聞いたことがあります。

「俺は自分の上司には絶対に本音を言わないよ」

自ら管理職の立場にある人が、自分の上司に本音を「言えない」のではなく、「言わない」と公言しているのです。

この人が例外ではないことは、僕が自分のフェイスブックを使った250人の調査でも明らかです。

「あなたは自分の上司に本音を言えますか？」

この質問に対して、**4人にひとりが「上司には本音を言うべきではない」と答え、3人にひとりが「上司には本音を言っていない」**と回答しています。

このままでは、職場の心理的安全性が高まるはずがないと思ってしまいます。

歴史のある大企業に限らず、日本企業には「**黙ってルールに従いなさい**」という保守的な会社がまだまだ多いようです。

社員同士のダイアログを重視せず、「言われた通りにやりなさい」という、**まるで大人と子供のような関係性は、世界でもあまり類がない**ように思います。

現代のビジネスでは、チームのマネジャーが雑談を通してメンバーと綿密にコミュニケーションを図り、どちらの方向に進めばベストなのかを判断することが求められています。

上司(マネジャー)の役割は単なる上意下達の指示ではなく、文字通りメンバーの「マネジメント」(管理)が求められているのです。

その取り組み方の具体例として、まずはグーグルのケースを紹介します。

社員が自分の意見を経営陣にぶつける機会が用意されている

グーグルはアメリカの雑誌『フォーブス』が選ぶ「働きがいのある企業ランキング」で何度も世界の第1位に選ばれています。

その理由のひとつは、**社内のコミュニケーションを重視している**ことにあります。

どの分野の企業でも、従業員や部下が抱える一番の不満は「**上司から十分な情報が得られない**」、「**上司が何を考えているのかわからない**」という点にあります。

上司と部下が日常的に意思の疎通を図れなければ、部下は自分がチームの重要な一員であると認識することができません。

グーグルでは、**社内のコミュニケーションを充実させることが、部下の幸福感の維持につながる**……と考えています。

その象徴的な例が、毎週金曜日の午後に開かれている**TGIF（Thanks Google It's Friday）という全社的なミーティング**です。

ここでは、社長や経営幹部が壇上にあがり、会社の方向性や新規事業、新商品などについて、全社員に説明をします。

その場には、お酒やおつまみも用意してあり、参加者同士がフランクに議題について話し合うことができますが、ポイントは普段は接することのない経営幹部に対して、ダイレクトに質問ができることです。

「社長の意見は間違っていると思います」

「その判断は正しくない方向に向かっています」

参加者は忌憚《きたん》のない意見を経営陣にぶつけることができるのです。

こうした厳しい意見に対して、経営幹部が感情的になることはありません。丁寧なフィードバックを返して、議論を深めようとします。お互いの意見を交換することによって、全社員が納得して新たなビジネスに立ち向う環境を整えます。

このTGIFという全体ミーティングは、単に社内の風通しをよくするためではなく、会社の考え方や方向性を経営陣と社員が共有することで、さらに生産性をアップさせることを目指しています。

意図的に雑談の機会を作るオフィス設計

グーグルは、社員同士が頻繁に雑談をして意見交換をする社風であることはすでにお伝えしましたが、会社もそれに適した環境を整えるなど、様々な工夫をしています。

英語では、「create collisions」といいますが、**「衝突を作る」**とか**「衝突の機会を作る」ようなオフィスの設計**になっています。

日本企業のオフィスは働き方改革によって、ワンフロアのオープンオフィスでフリーアドレスが多くなっていますが、グーグルの場合は広いスペースや会議室がたくさんあり、それらが狭い通路でつながれています。

どこかに移動する際には、その通路を利用する必要がありますから、**どうしても社員同士が顔を合わせる機会が増える**のです。

お互いに顔を合わせれば、「元気?」と挨拶したり、「そういえば、先日のアジェンダのことだけど、どう考えている?」といった雑談が始まります。

これはグーグルの日本のオフィスも同じですが、**会社が意図的に雑談の機会を作り出している**のです。

社員同士の「衝突を作る」という考え方は社員食堂にも反映されています。

グーグルには無料で美味しい食事ができる社員食堂がありますが、**ひとりで座れるような席がありません。**

日本企業の社員食堂のように、窓際のカウンターに座ってひとりで食事をするようなスペースはなく、長いテーブルを複数の人たちで使うようになっています。

社員同士が隣り合って座れば、「あれ? 何を話しているんですか?」と自然に雑談が始まります。

エンジニアが「会社のキャリア制度を調べたんだけど、よくわからないんだよね。

みんなに聞いていたんだ」と言えば、隣に座った人事部の社員が、「それは、あのページに詳しく出ていますよ」と気軽に声をかけます。

社員がリラックスして食事をしながら、すぐに情報交換ができるような環境が整えられています。

2000人以上の部下の名前を覚えた人事のトップ

僕がグーグルに在籍していた時、人事担当上級副社長（バイス・プレジデント）として、人事のトップを務めていたのが、グーグルの人事制度の原則や理念を記して日本でも話題になった『ワーク・ルールズ！』を出版したラズロ・ボック氏です。

その当時、彼には世界中に2000人以上の部下がいましたが、そのすべての顔と名前を覚えていて、顔を合わせる機会があれば、誰に対しても気軽に声をかけていました。

「ピョートル、こんにちは！　元気ですか？」

僕は、アジアパシフィックの人材育成統括部長をしていましたから、名前と顔を知っていても驚くことはありませんが、**入社1年目くらいの新人社員に対しても必ず名前**

を呼んで、気さくに雑談をしていたのです。

「ジョンさん、今日はシドニーから来たんですよね。疲れてないですか?」

誰がどこのオフィスに勤務していて、どんな仕事をしているのか、そのすべてが頭の中に入っているようでした。

いくら人事のトップでも、世界に2000人以上もいる部下の名前をすべて記憶している人は、彼以外にはいないと思います。

「あなた」や「きみ」ではなく、**きちんと名前を呼んでから雑談をすることが、どんな印象を与えて、相手がどんな気持ちになるのかを十分に知り尽くしている**のです。

グーグルの経営幹部は、社員とのコミュニケーションを非常に大事に考えています。

マネジャーとメンバーは上司と部下の関係ではない

グーグルは世界の最先端企業であり、徹底した結果主義の会社ですから、マネジャーとメンバーの関係も相当にドライなものだろうと思うかもしれませんが、実際はその真逆です。

マネジャーとメンバーは、**日本企業のような上司と部下という「上下関係」にあるのではなく、プロスポーツチームのコーチと選手のような関係**です。

コーチは選手がいいパフォーマンスをするためのアドバイスをしたり、サポートをすることが役目です。

マネジャーの役割も同じで、自分自身がアウトプットを出すのではなく、あくまでもメンバーのアウトプットを最大限に引き出すために、アジェンダにまつわるすべてのことを判断しています。

大人と大人のビジネスの世界ですから、**マネジャーがメンバーを頭ごなしに怒鳴りつけたり、自分の考えを無理に押し付けるようなことはありません。**

日常的な雑談によって、お互いの考え方を共有することで、結果を出すために同じ方向を向いて仕事をしているのです。

グーグルには、組織の状態を可視化するために『Googlegeist』というエンゲージメント（働きがい）のサーベイ（調査）が用意されています。

その中には、次のようなチェック項目があります。

「My manager treats me as a person」（私のマネジャーは、私を人として見ている）

この他にも、「私のマネジャーは、私を人として扱っている」という項目もあり、もしメンバーが「非人間的な扱い」と判断したならば、そのマネジャーはすぐにデスクをきれいに片付けて、会社を去る必要があります。

それはアウトプット（成果）を出しているマネジャーであっても、扱いは同じです。お互いが協力して結果を出すのは当然のことですが、グーグルはメンバーの働き方や働きがいに関しても非常にシビアな会社なのです。

誰とでも気軽に「１on１」ミーティングができる文化

日本企業では、時間と場所を決めて上司と部下が「１on１」ミーティングをしていますが、グーグルには、同じチームのマネジャーとメンバーに限らず、誰とでも気軽に「１on１」をする文化が根付いています。

「Let's have a coffee」とか、「Let's have a chat」（雑談しましょう）と誘い合い、一日のどこかで30分くらいの時間を作って、社内のカフェテリアなどで雑談します。

何かを知りたい、確認したい、キャッチアップ（遅れを取り戻す）したいなど、雑談の目的は様々ですが、**自分の意見や疑問、悩みを率直に伝えて、日常的にお互いの情報をアップデート**しています。

日ごろの雑談を通じて、社員同士が心理的安全性を高めているから、オープンな会話ができるのです。

マネジャーとメンバーが「1on1」ミーティングをする場合、グーグルでは、**その時間はマネジャーのものではなく、メンバーのもの**という考え方が徹底しています。

マネジャーがあれこれと質問するのではなく、その時々でメンバーが「気になっている」こと、「悩んでいる」こと、「話したい」ことをテーマにします。

基本的には、自然と仕事のアジェンダの話になりますが、**成果を上げているマネジャーほど、「プライベートな相談」に乗っている**という傾向があります。

それは、マネジャーとメンバーの両方が、「1on1」ミーティングの意味や意義、目的をハッキリと認識している……と考えることができます。

グーグルの社員は「博士号」を持っている人が多く、その割合はNASA（アメリカ航空宇宙局）よりも高いため、企業としては世界ナンバーワンといわれています。

社員のほとんどは探究心が強く、好奇心も旺盛ですから、上司と部下の「1on1」

でも、**「とにかく頑張れ」**とか、**「気合が足りないぞ」といった根性論はまったく通用しません。**

何かを議論する場合でも、必ず「そのエビデンスは?」というフレーズが飛び出すなど、合理的で客観的な会話を交わす企業カルチャーがあります。

社員は賢く、それぞれが自立した大人ですから、雑談をしていても人の噂話に終始するようなことはありません。

必要であればウワサ話をしていても問題はありませんが、それが自分のパフォーマンスの向上につながるわけではないので、**話題は自然と建設的な方向に向かう**のです。

グーグルの躍進を支える原動力は「風通し」の良さ

グーグルでは、4月1日のエイプリルフールにいろいろなトラップを仕掛けたり、10月31日のハローウィンには、仮装をして一日中そのまま仕事をするなど、自由な雰囲気の中で仕事をしています。

人に何かを注意する時でも、イタズラ風のメッセージで伝えたりしています。

全員がパソコンを持ち歩いて仕事をしていますから、パソコンから離れる時は、必ず画面をロックすることが社内のルールになっています。

画面を開いたままパソコンから離れている人を発見すると、気づいた人がウェブサイトのリンクにアクセスして、相手の画面に可愛い映像付きでメッセージが届けられるようになっています。

「あなたは気づいていない」→「あまり注意していなかったんだね」→「おバカなんだよ!」

こうした風通しの良さが、グーグルの躍進を支える原動力になっているのです。

「雑談をするチームは生産性が高い」というエビデンス

会社はビジネスの場ですから、そこでのコミュニケーションはアウトプット（成果）に結びつくことが求められます。

「社内の雑談」というと、勤務時間中の無駄話と決めつけて、単なる時間の浪費と考える人もいるかもしれませんが、それは必ずしも正解ではありません。

会社は人と人が様々な形で触れ合いながら働く場所ですから、いくらビジネスの話や業務連絡を綿密にしていても、なかなか成果は得られないのです。

日本の大手広告代理店が、興味深い実験結果を発表しています。

それは、**パフォーマンスを出しているチームと、パフォーマンスを出していないチームの働き方を比較検討する**という試みでした。

あるチームは空き時間を見つけるとメンバー同士で雑談ばかりしていたのに対して、あるチームは仕事以外の話は一切していなかったといいます。

その結果、**雑談をしていたチームの方が、圧倒的にパフォーマンスが上回っていることが明らか**になったのです。

経営者や上司の目には、仕事以外の話を一切しないチームは、一生懸命に働いている「真面目」な人たちと映ります。

それに対して、時間があれば、雑談ばかりしているチームは、真剣味が足りないとか、遊び半分で仕事をしている「チャランポラン」な連中と見られがちです。

単なる印象と結果が真逆なところが、「社内の雑談」の難しさでもあり、面白さでもあるのです。

職場の雑談には7つの「相乗効果」がある

この実験で明らかになったのは、チーム内の雑談がメンバーの働き方に大きな影響を与えており、それがビジネスの成果にも関係してくるということです。

職場の雑談には、７つの「相乗効果」があります。

①職場の人たちと仕事以外の「つながり」ができる
②お互いの「信頼感」が高まる
③職場の「心理的安全性」が高まる
④「働きやすい環境」が生まれる
⑤仕事の「モチベーション」が高まる
⑥ミーティングで「発言」しやすくなる

⑦会議の結論に「納得」して働けるようになる

雑談を通じて、お互いを知ったり、相手への関心を示すことによって「エンゲージメント」(深いつながりを持った関係性)が高まり、風通しの良い職場が生まれます。

実際、一般社団法人日本能率協会のビジネスマン1000人を対象にした調査によると、全体の7割以上が「雑談することは職場における人間関係を深めることにつながっている」と回答しています。

また、全体の6割が、「雑談することは自分の業務の生産性を高めることにつながっている」と答えています。

雑談することで社員それぞれが心理的安全性を感じながら、安心して、自分らしく働けるような環境が整うため、その企業の生産性を上げていくことに大きく貢献するのです。

雑談の不在は人間関係の悪化を招きやすい

雑談は、お互いの信頼関係を高めたり、心理的安全性を作り出すなど、働きやすい環境を整えるために不可欠なツールと考える必要があります。

雑談の不在は、思わぬアクシデントを招くことになります。

同じプロジェクトを担当しているチームの仲間同士が、雑談をして意思の疎通を図っていないと、相手の意図を理解せずに一緒に働くことで、結果的に関係を悪化させてしまうケースは意外に多くあります。

あるいは、目先のタスクに集中しすぎて周囲の人と雑談をしていないと、会社や部署のパワーダイナミクス（力関係）や社内政治の変化を察知できず、**気がついたら蚊《か》帳《や》の外に置かれていた**……という悲劇に見舞われることもあります。

ビジネスパートナーとの信頼関係だけでなく、自分の立ち位置を失ってしまう可能性がありますから、雑談の軽視はリスクヘッジの放棄とイコールなのです。

同じチームで働いていて、成果が出ないアンダーパフォーマンスの状態に陥ったり、何か問題が発生した時は、タスクとの向き合い方を点検するだけでなく、**雑談を通じて、メンバーの仕事以外の外的要因も視野に入れる**必要があります。

相手が落ち着いて仕事と向き合っていない状態であれば、**「最近、何かあった?」とか、「イライラしているみたいだけど、大丈夫?」と相手を気遣うことが大切**です。

プライベートな問題に首を突っ込んで「ファクト(事実)ベース」の会話をするのではなく、あくまで「価値観ベース」、「信念ベース」の雑談をしながら、相手が抱えている問題を共有し、一緒に向き合っていくような優しさが求められているのです。

笑い声が聞こえない会社には何らかの問題がある

僕が人材コンサルティングの仕事でクライアントのオフィスを訪ねる時には、その企業のコンディションを判断する材料のひとつとして、**オフィスの「音」**に耳を傾けています。

注目しているのは、**社員の笑い声や、雑談の話し声の有無**です。

「こんにちは」とか、「いらっしゃいませ」という挨拶の言葉もこれに含まれます。

オフィスに入って、社員の笑い声や話し声が聞こえるというのは、意外に大切なシグナルになります。

オフィスに笑い声がするということは、「**笑ってもいい**」という、人がリラックスして働ける環境があるだけでなく、仕事で結果が出ているから、自然と笑い声がある……ということが考えられます。

お互いの信用と信頼があり、尊敬もあるから、オフィスに笑い声があったり、雑談をしている声がするケースがほとんどです。

仕事で成果が出ていなければ、人は笑うことができないし、それを許容するような雰囲気も整っていません。

成果が出ていないのに、笑い声がするならば、それは社員の人たちが真剣に仕事と向き合っていないと判断することになります。

オフィスフロアに一歩足を踏み入れて、シーンと静まりかえっていたり、辛気臭い雰囲気が漂っている場合は、僕の危険シグナルが発動します。

その理由は、業績なのか、社風なのか、トップの方針なのか、あるいはマネジャーとメンバーの関係なのか、特定のマネジャーのキャラクターの問題なのか、あらゆる可能性を検討する必要があるのです。

一般的に、健全な会社では耳障りではないくらいのボリュームで人の笑い声や話し声が聞こえるものです。

同僚のデスクの横に立って雑談をしたり、椅子を転がしてきて話し込んだりするのは、ごく普通の日常の風景ですから、それがない会社には、何か問題があるはずと考える必要があります。

雑談によって周囲の「バイアス」を低減する

社内の雑談では、上司や周囲の人たちの「バイアス」を低減していくことも、大事な目的となります。

バイアスとは、「**思い込み**」とか「**決めつけ**」のことです。

人にはそれぞれバイアスがあり、それが原因で考え方に「偏《かたよ》り」を生じさせます。

これはこうだから、絶対にこうに違いないという、その人にとっての「思考パターン」とか、「偏見」と言い換えてもいいかもしれません。

組織の中では、人事評価に始まって、意思決定、プロジェクトの選択、予算決めなど、すべてのことにバイアスが働いています。

バイアスは自分にとってマイナスな状況を作り出すだけでなく、人間関係の悪化の

原因にもなりますから、日ごろの雑談を通してバイアスを低減する必要があります。

社内におけるバイアスの代表例は、次の3つとなります。

①「アンコンシャス・バイアス」（無意識の偏見）

誰かと接する時に、それまでの経験や見聞きしたことに照らし合わせて、「この人はこうだから、こうに違いない」とか、「普通はこうだから、この人もこうだろう」というように、あらゆるものを「**自分勝手に解釈**」する傾向を指します。

「**定時で帰る社員はやる気がない**」とか、「**育児中の女性社員に営業は無理**」、「**雑用や飲み会の幹事は若手の仕事と決まっている**」など、日本企業には数多くの無意識の偏見が存在します。

②「親和性バイアス」

自分と似たところのある相手に、親しみを感じる傾向のことです。

自分の母校を卒業した後輩や部下には、他校の出身者よりも無意識に高い評価をつけるなど、**親近感を覚えている相手には、無意識に評価を底上げしてしまう**ことを指します。

③「確証バイアス」

自分が正しいと思っていることに関しては、それを正当化する情報ばかりを集めて、否定的な材料は無視したり、集めようとしない傾向を指します。

採用試験などで「**高学歴だから、仕事ができるハズ**」と思い込んで、無条件に高評価をすることなどが代表的な例です。

多種多様な情報があっても、最初に自分が正しいと思った考えを有利にできるような情報ばかりを重視してしまうのです。

グーグルが「アンコンシャス・バイアス教育」に取り組んでいるという情報が広まっ

たことで、日本企業でも、5年ほど前からバイアス教育に目を向ける企業が出始めていますが、社員それぞれがバイアスの存在を自覚して、日常的なコミュニケーションを通して意思の疎通を図っていくことが大切です。

思い込みや決めつけを排除できるのは、日ごろの雑談を通じてお互いに意思を確認し合い、それを尊重する気持ちを持つことです。

働く女性が新たに直面している「慈悲的性差別」

女性の活躍やダイバーシティ&インクルージョンに対する意識の高まりによって、最近では、女性に対する「**ベネヴォレント・セクシズム**」（**慈悲的性差別**）**も問題化**しています。

ベネヴォレントとは、「親切な」とか「慈悲深い」という意味ですが、一見すると善意や親切心のように見える方法で表現される性差別のことを指します。

「**女性社員にストレスのかかる仕事を任せるのはかわいそうだ**」とか、「**小さな子供がいる女性には、負担が伴う仕事は任せるべきではない**」などが代表的なケースです。

この慈悲的性差別は、「女性は弱く繊細な存在だから、男性が保護しなければならない」という西洋の騎士道精神や父権主義の価値観から生まれたとされていますが、その根底には、「女性は男性に対して劣る存在だ」という考え方があります。

このベネヴォレント・セクシズムは、表面的には悪意は感じられず、親切心にも見えますから、社会的にも許容されやすく、女性にも支持されやすいのが特徴です。

非常に「口当たり」のいい差別といえますが、**結果的には女性が新しいチャレンジの機会を失ったり、個人の能力や意思の軽視、男女の不平等を助長する**こともあります。

女性は意識して注意を払う必要があり、それを回避していくためには、日ごろの雑談を通して自分の考え方を周囲にハッキリと伝えておく必要があります。

Part3

マネジャー（上司）に求められる雑談とは？

部下の状況を確認しながら、成果につながる会話をする

上司の仕事は、アジェンダの進捗状況を確認するだけではありません。

部下が今、どんな状況にあり、何に困っているのかをリサーチしながら、それを成果に結びつけていくことが大きな役目です。

そのためには、**部下の置かれている状況をしっかりと確認して、日ごろの雑談を通じて明確なメッセージを発信する**ことが求められます。

日本企業の上司の多くは、「最近、いろんな案件が重なって忙しいけど、きちんと優先順位は取れている?」とか、「例のプロジェクトにすごく時間をかけてるけど、もうひとつの方は大丈夫？」など、アジェンダばかりに目を向けがちですが、**海外企業の仕事ができる上司は部下の「思い」を大切にしています。**

「このプロジェクトで、具体的に何が楽しい？」

「自分のアイデアをいろいろと反映してもらえるので、レポートを作成して発表できるのが楽しみになっています」

「それはいいね。今度の打ち合わせの時には、さらにいいレポートを作って発表してもらいたいな。次回も楽しみにしてるよ」

こんな雑談を交わせば、部下のモチベーションは確実にアップします。

ちょっとした細かい情報を入手して、それを使って部下のヤル気を高めることが、部下と上司の理想的な雑談の在り方です。

サポートができなければ、話に耳を傾けるだけでもいい

別にアジェンダが関係しなくても、部下の状況を確認しながら、成果につながる雑談はできます。

部下に子供がいるならば、「最近、タケシくんは元気ですか?」と聞いてみることも意味のある雑談になります。

子供がいる人の場合、子供の行動や状況が仕事のパフォーマンスに影響を与えるケースが少なくありません。

子供が病気になったとか、学校の成績が上がらないなど、心配事があればモチベーションに大きく関係します。

適切なサポートができなければ、**部下の話に耳を傾けるだけでもいい**のです。

独身の部下であれば、ちょっとした変化に目を向けるだけでもいいと思います。

「最近、少し元気がないみたいだけど、何かあった？」

こんな些細な質問でも、**相手には「ちゃんと見てるよ感」は伝わります。**

もし、部下から「昨夜、母親とケンカしたんです」という話が出たら、プライベートに踏み込みすぎないように注意しながら、話を聞いてみます。

「お母さんは、どんな方なの？」

「言ってることはわかるんですけど、余計なお世話が多いんです。それが面倒くさいんですよね」

「お母さんは、君のこと大好きなんだね」

こんなひと言を添えれば、「確かにそうかもな。もうちょっと違う話し方をこちらがすれば、今の状況は変わるかも……」と考えるきっかけになります。

日本企業のマネジャーは、メンバーが抱える「何か?」を聞いてあげる必要があることはわかっても、そのために、日常的に雑談をするという習慣や発想を持っていません。**何か問題が発生したり、危機的な状況になって初めて、「どうした?」、「何があった?」と重い腰を上げる人がほとんど**です。

チームのマネジメントという視点で見ると、メンバーとの雑談は手軽で有効なマネジメント・ツールと考える必要があります。

「1on1」ミーティングは雑談だけで事足りる

日本企業の「1on1」ミーティングは、あらかじめ時間と場所を設定して、マネジャーとメンバーが「**かしこまって**」**向き合う**ケースがほとんどです。

お互いが緊張した状態で手探りの会話をしていますから、このままの状態で続けていても、いつまで経っても成果は上がらないように思います。

僕の会社では、あえて「1on1」の機会を設けず、日常の雑談の中で、社員の「どうなりたい？」、「どうしたい？」という気持ちを聞くようにしています。

一緒にランチに行ったり、移動中の車内であったり、ちょっとした空き時間があれば、それを利用して雑談をします。

フォーマルな「1on1」であれば、メンバーはマネジャーが求めていると思われる模範解答を準備して、無難にその場を乗り切ることを考えますが、日常的な雑談であれば、そこまで難しく構える必要はなくなります。

一度の雑談ですべてを完結させようとするのではなく、時間や場所、タイミングを変えて、**様々なアングルから何度も繰り返し話を聞くことで、ようやく本音らしきものにたどり着くことができるのです。**

「キャリア・カンバセーション」も雑談で対応できる

「1 on 1」だけでなく、「キャリア・カンバセーション」も、雑談によって柔軟なスタイルで実施することができます。

キャリア・カンバセーションとは、マネジャーとメンバーが「仕事観」や「期待値」などを共有して、お互いの理解を深め合いながら、キャリアへの意識を育んでいくことです。

海外の企業や外資系企業では一般的ですが、日本でも大手企業だけでなく、社員を資産と考えて大事にしている中小企業でも実施する会社が増えています。

キャリア・カンバセーションの主なテーマは、次のようなものです。

・現在、何に興味や関心を持っているか?
・短期と長期の将来についての希望
・現在の目標や実現可能なキャリアの選択
・目標を達成するための準備や具体的なアクションの構想

相手が「どう考えているか?」を知りたいと思っても、「さぁ、今日はあなたの将来の話をしましょう」とフォーマルな形で1回だけ聞いたのでは、相手が身構えてしまいますから、必ずしも本心が聞けるとは限りません。

具体的なプランやアイデアがなくて、その場しのぎの答えを探し出す可能性があったり、今は時間的にも気持ち的にも余裕がないとか、場合によっては「今はその話をしたくない」など、様々な事情もあります。

メンバーのキャリアは、お互いにとって大事なテーマですから、何度も繰り返して話し合う必要があるのです。

雑談の折に軽くテーマを振っておいて、次の機会に改めて聞くようにすれば、相手が考える時間を作ることができます。

しっかりとテーマと向き合うことで、本人が自覚していないようなことに気づくチャンスも生まれます。

この他にも、マネジャーが日ごろから雑談を心がけていれば、社内の情報収集やメンバーのモチベーションの向上、コーチングなども可能になります。

どこの企業でも、マネジャーは忙しくて時間がないはずですから、雑談を有効に活用すれば、一石二鳥どころか、一石五鳥くらいの効果が感じられると思います。

明確な目的を持って、日常的に雑談をする習慣を作る

「上司が関心を持って、自分に目を向けてくれている」と気づくことは、非常に心強い反面、あまりにもそれが露骨な場合は、逆に不信感につながる危険性があります。

「この人は、何のためにそんなことを聞くのか?」
「それを聞いてどうするつもりなのか?」

こんな猜疑心を持たれないためには、その雑談の意味合いとか、目的を明確に持ちながら、適切なタイミングを見計らって、適切な言葉を選ぶしかありません。

少し乱暴な表現をするならば、部下のコンディションを把握して生産性をアップさせるためには、多少のリスクは覚悟する必要があります。

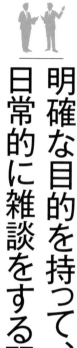

なぜ日本人が雑談で天気の話をするのかといえば、お互いに共通する話題であるだけでなく、**リスクが低いから**です。

「今日は暑いですね」と言われて怒り出すような人はいませんが、相手の本音を聞き出すこともないのです。

雑談を通じて相手の考えを知ったり、本音を引き出すためには、リスク回避ばかりを計算していたのでは一歩も前に進むことができなくなります。

大事なのは、**「興味本位や面白半分で質問しているのではない」**と態度やフォローの言葉でハッキリと示すことがひとつ。

もうひとつは、日常的に雑談を心がけて、不信感を持たれないように相手を慣れさせることです。

日常的に雑談をする習慣を作っていけば、少し踏み込んだ質問も気兼ねなくすることができるようになります。

マネジャーはもっと自分の「弱み」を開示していい

僕がこれまで接してきた優秀なマネジャーには、ひとつの共通する特徴があります。

仕事ができる人ほど、「腰が低い」ということです。

これは経営トップにも共通しますが、海外でも日本でも、優秀なリーダーほど尊大な態度を取ることはなく、常に謙虚な姿勢で相手と向き合っています。

相手を見下すような不遜な態度のリーダーは、一時的には成功することがあっても、それが長続きすることはありません。

リーダーに資質があるとすれば、それは発想力とか行動力ではなく、**常に謙虚な姿勢を貫ける人間的な強さ**にあるように思います。

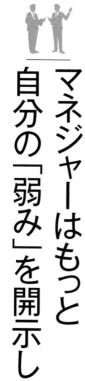

僕は**マネジャーもメンバーに「弱み」を見せていい**と考えています。

マネジャー自身が何でも話せるような環境を作らなければ、職場の心理的安全性を高めることは難しくなります。

何かミスをしてしまったら、「ごめん、失敗した」と正直に伝えることが大切です。

それを隠蔽《いんぺい》しようと画策したり、誰かに責任をなすりつけるような行為は、メンバーの不信感を増幅させるだけです。

困っているならば、**「悪いけど、助けてほしい。今度、メシをごちそうするから」**と素直に頼めばいいと思います。

間違っても、「これを明日の朝までにやっておいてくれ」と言い残して、自分だけさっさと帰宅するような行為は慎むべきです。

そんなことで、上司の「威厳」が保てることは、100%ないのです。

マネジャーが自分の弱みを積極的に開示できるチームは、自然と風通しが良くなり、何でも話し合える環境が生まれます。

マネジャーの心がけひとつで、チームはどのようにでも変わるのです。

若手マネジャーも下の世代に悩んでいる

日本企業の部長や課長クラスの人と話をすると、「**最近の若い世代が何を考えているのかわからない**」という悩みが多いようです。

世代の断絶は今に始まったことではありませんが、**若い世代のマネジャーも、その下の世代がわからなくなっている**……ということは、部長や課長の人たちも意外と気づいていないようです。

最近では、入社1~5年目くらいの社員を、入社10年目前後の社員がマネジメントするケースがよくあります。

年齢的には30代の前半で、役職的には主任とか係長と呼ばれる人たちです。

部長や課長からすれば、ほぼ同じ世代と一緒くたに考えがちですが、彼らも下の世代が理解できなくて悩んでいます。

20代前半の世代は、メンバー同士の雑談はSNSで済ませます。会社の人たちとプライベートの時間を過ごすことを好まず、居酒屋に誘われても、可能な限り拒否します。

最も特徴的なのは、会社に執着することがなく、嫌なことがあればすぐに辞めてしまうことです。

雑談をして意思の疎通を図ろうと思っても、「**仕事に関係のない話は勘弁してください**」と拒否されてしまいますから、まさに取り付く島もない状態なのです。

ひとつの作戦として、会社内の「デジタル格差」の是正と紐づけて考えてみるのもいいかもしれません。

日本企業のほとんどが、ビジネスのデジタル化に頭を悩ませています。

社長や役員などの経営幹部がテクノロジーの知識に疎いため、なかなかデジタル化を推進できないという問題です。

20代前半の若い世代は逆に、プログラミングができたり、SNSもそれぞれの特徴を理解して巧みに使いこなしていますから、**これを会社のアセット（財産）と考えて、活用していく**のも面白い試みです。

経営幹部が腰を低くして学ぶ姿勢を示せば、彼らにテクノロジーを教える若い社員にとっての「仕事」のひとつになります。

そうなれば、自然と雑談の機会が生まれます。

そこにマネジャー世代も加われば、**テクノロジーを媒介にして、経営幹部と若手世代のつながりができます**から、デジタル化も進めやすくなります。

経営幹部はテクノロジーの知識を得られ、若い世代は経営幹部の知遇を得るチャンスに恵まれますから、意外と面白いアイデアではないでしょうか。

「マイクロマネジメント」よりも雑談を心がける

マイクロマネジメントとは、**マネジャーや先輩が若手社員の行動を細かく管理・チェックして、過干渉してしまうマネジメント**のことです。

入社歴の浅い20代前半の社員が、マネジャーやチームの先輩との接触をできるだけ避けたいと考える理由のひとつが、このマイクロマネジメントです。

「君がそれをやるのは、まだ早いよ」

「若手はまだ自分の意見を言うな」

マネジャーが失敗を未然に防ぎたい気持ちはわかりますが、アジェンダの進捗状況を確認するために、あまりにも頻繁に細かい点まで報告を求めたり、電話のかけ方やメールの文面の隅々までチェックされたのでは、マネジャーとのコミュニケーションを敬遠したくなるのも無理はありません。

最近では、テレワークの普及によって在宅勤務の時間が増えたため、「**真面目に働いているのか？**」と不安になるマネジャーが多くなり、テクノロジーを使ったマイクロマネジメントも問題になっています。

勤務時間中は、ウェブ会議システムのカメラを常にオンにしておくことを強要したり、メールやチャットで30分毎に進捗状況の報告を義務付けるなど、「**デジタル過干渉」が蔓延している**のです。

仕事熱心なマネジャーほど、マイクロマネジメントをやりがちですから、冷静に自分の態度を見つめてみることも大切です。

次の5つのポイントをチェックしてみることをおすすめします。

①若手社員への口調や態度が横柄になっていないか?
②若手社員の考えやアイデアを尊重しているか?
③些細な問題点ばかりを指摘していないか?
④小さなミスを徹底追及していないか?
⑤いい仕事をしたら、それを認めて褒めているか?

少しでも思い当たることがあるならば、ソリューション(解決策)は簡単です。思い当たるポイントの真逆の行動を取ればいいだけです。

「それをやるのはまだ早い」→**「この作業は君に任せるよ」**
「まだ意見は言うな」→**「どんどん自分の意見を言っていこう」**

こうした指示を出していけば、雑談の機会が生まれます。
雑談をしながら、きちんと説明をしてあげれば、若手メンバーの不安が軽減されるだけでなく、信頼されていることを自覚しますから、懸命になってアジェンダに取り組みます。

懸命に仕事と取り組んでいけば、経験値が高まって成長のスピードが早くなり、その結果としてチームのパフォーマンスの向上につながるのです。

マイクロマネジメントの反対語は、「マクロマネジメント」です。

マクロマネジメントとは、チームの方向性を示した上で、メンバーの自主性を尊重し、やり方を任せることで、モチベーションを高めるというマネジメントです。

雑談の機会が増えて、チームの心理的安全性が高まり、若手メンバーのモチベーションも高まるのですから、その効果は見逃せないと考える必要があります。

こうした取り組みは、20代前半の若手メンバーだけに有効なわけではありません。

ダイバーシティ&インクルージョンの流れの中で、多様なキャリアを積んで入社する中途採用をはじめ、介護や子育てをしながら働く時短勤務社員や、再雇用のシニア社員など、様々な人たちにも効果のあるマネジメント法だと思います。

日本企業の管理職は大半が「プレイング・マネジャー」

日本企業の大きな特色のひとつは、チームのマネジャーなどの管理職の多くが、「プレイング・マネジャー」であるということです。

グーグルのマネジャーは、部下と一緒になって成果を出すだけではなく、アジェンダの進め方からメンバーのコンディションまで、業務全般に関して専門的なアドバイスをするなど、文字通り「マネジメント業務」に徹しています。

それに対して、日本のマネジャーの多くはマネジメントに関する専門的な知識を持ち合わせていないため、**自分の「経験値」だけを頼りにして、手探り状態でメンバーの**

マネジメントをしています。

これが原因で部下の不平や不満につながることも珍しくはありませんから、部下としては、自分を守るためにも、上司が置かれている状況や考え方などを正確に把握しておく必要があります。

雑談を通じて、**上司から得ておきたい情報**は次のようなものです。

◆上司の立ち位置の確認

①どんな考えを持って、仕事と向き合っているのか？
②何を求めて仕事をしているのか？（出世、給料、自分の時間）
③自分自身の仕事内容をどのように評価しているのか？
④自分の上司と、どんな関係にあるのか？
⑤自分の上司から何を求められているのか？

◆部下に対する評価の基準

①どんな基準で、部下を評価しているのか?
②それぞれの部下を、どう評価しているのか?
③その評価を、自分の上司にどう説明するのか?
④部下がどんな成果を上げることを期待しているのか?
⑤どういう状態を理想としているのか?
⑥部下にどんな働き方を求めているのか?

◆リスク管理に関する視点

①どんなことに困っているのか?
②何をリスクと考えているのか?
③長期的にどうしていきたいのか?

上司の社内政治的な立ち位置から、仕事に関する考え方、評価の基準、リスク管理まで、幅広い情報を意図的に聞き出す必要があります。
一度にすべてを聞き出すのは不可能ですが、取引先への移動中や居酒屋、喫煙室、ちょっとした空き時間など、上司と雑談をするチャンスを見つけては、**ひとつずつ地道に聞いていけば、不審に思われるどころか、仕事熱心と受け取ってくれます。**

その目的は上司にゴマをすることではなく、お互いにメリットがある関係や環境を作っておかないと、共倒れになる危険性があるのです。

「マネジャーをマネジメントする」という視点

人事異動が多いことも、日本企業の大きな特徴のひとつです。
昇進であれば、本人も納得しての異動となりますが、不本意なケースが多いため、それがマネジメントの専門性を高められない原因にもなっています。
残念ながら、多くの日本企業にはチームがボトムアップで上司に仕事を教えたり、サポートをするような習慣がありません。

営業部から経理部に異動してきたばかりの課長が、すぐに満足な仕事ができるはずはありませんが、ベテランの経理マンが「課長、これはどうすればいいですか?」と指示を仰いだりしています。

これが嫌がらせではなく、上司の立場を尊重するための気遣いだったりするから、

外国人の目には日本企業が不思議なものに映るのです。

海外の一流企業には、「**Manage your manager!**」という考え方があります。

直訳すれば、「**あなたのマネジャーをマネジメントしなさい**」となります。

異動してきたばかりの不慣れな管理職や、仕事のできない上司を相手にする時は、部下の方から積極的に働きかけて、管理職としての仕事をやらせるということです。

「**困ったことがあったら、遠慮なく聞いてください**」

このひと言があるだけで、お互いにストレスなく、仕事をすることができます。

日本のビジネスマンは、上司の指示に従順であることを大事にしていますが、それで成果が出ないのであれば、お互いにとって不幸です。

部下が上司に仕事を教えたり、場合によっては反論をすることも、これからの時代は大切になってくると思います。

「オーバーコミュニケーション」を意識する

マネジャーの「マイクロマネジメント」のところでも触れましたが、上司や管理職というのは、常にアジェンダの進捗状況が気になり、慢性的な不安を抱えているものです。その不安がマイクロマネジメントにつながっているのですが、それを逆の立場から見れば、メンバーが「オーバーコミュニケーション」を意識すれば、マネジャーは安心して部下の仕事を見守ることができます。

オーバーコミュニケーションとは、**過不足なく、あるいは必要以上に細かく情報を発信すること**です。

メンバーはマネジャーに対して「報告」、「連絡」、「相談」をする義務がありますが、この「報・連・相」をきちんとしていれば、意外と過干渉が回避できて、自分のペースで仕事ができるものです。

グーグルでは、メンバーのオーバーコミュニケーションは、ごく当たり前のことと受け取られていました。

グーグルには、個人主義的なイメージを持つ人が多いと思いますが、その実態は集団主義的で、**チームが総力戦でパフォーマンスを上げていく**ことが求められています。

そのためには綿密な「報・連・相」が必要であり、アンダーコミュニケーションの場合は「仕事ができない」、「仕事をしていない」と判断されてしまうのです。

マネジャーを安心させて、自分がのびのびと仕事をするためには、「報・連・相」はオーバーコミュニケーションくらいでちょうどいいと思います。

仮説を立てて「上司は何を求めているのか?」を考える

僕がモルガン・スタンレーに入社した時の雑談にまつわるエピソードを紹介します。

相手はアジアパシフィックのオペレーションのトップを務めていた、僕の直属の上司になる人です。

当時は、金融業界が成長していた時期で、組織も急激に大きくなっていました。

これから一緒に仕事をするのですから、いろいろなことを知っておきたいと思い、僕が最初に聞いたのは、「**今年の戦略を教えてください**」ということでした。

どのような作戦で結果を出していこうと考えているのか、一番に聞いておく必要があると思ったのです。

僕が質問をすると、相手は一瞬にして驚いた表情になりました。

「何かマズイことを聞いたのかな!?」とヒヤッとしましたが、返ってきたのは意外な答えでした。

「正直、驚きました。僕の部下は今のアジェンダの話ばかりで、全然そういう会話をしてくれないんですよ。あなたは、入社した日に、すぐそこに踏み込みました。素晴らしいです」

急に嬉しそうな顔になって、「まとまっていない部分もあるんですけど、僕が考えているのは、こういうことです」と語り始め、**自分が達成したい目標や、そのための戦術などを詳しく教えてくれた**のです。

この雑談の後、すぐに彼の直属の部下のマネジメントチームの打ち合わせに誘われました。

「今度、一緒に仕事をすることになったピョートルさんです。あなたたちと違って、僕に戦略の話をズバリと聞いてきました。ぜひ、今後のロールモデル(お手本)にしてください」

こんな紹介をされて、彼の直属のチームに入ることになりました。

「今年の戦略を教えてください」

このひとつの質問がトップのハートに突き刺さり、幸運なスタートを切ることができたのです。

もしこの質問をしなければ、トップとラポールを作ることができず、まったく違った展開になったはずです。

エグゼクティブに限らず、チームのマネジャーであれば、時間がなく、せっかちですから、**「結論ファースト」の会話を好みます。**

上司が置かれている状況を理解しながら、「何を求めているのか?」、「どんなことに困っているのか?」という仮説を立てて、それを検証するような雑談を日ごろから積み重ねていくことが大事です。

雑談を商品の「マーケット・リサーチ」に活用する

雑談の目的は、相手と意思の疎通を図ることですが、視点を変えれば「マーケット・リサーチ」にも活用することができます。

僕はフランスのパリに本社を置く大手食品メーカーのマーケティング部長に頼まれて、**ヨーグルトの市場リサーチに雑談を活用した**ことがあります。

彼女はたまたまポーランド人で、日本のヨーグルト市場の動向とか、日本人の消費パターンをフランスの上司に説明する必要があったのですが、日本の事情を何も知らないため、そのサポートをすることになったのです。

日本では、ヨーグルトを食べるのは朝食の時が多く、フルーツやハチミツを入れてデザートとして楽しんでいる人が多いのですが、ポーランドでは肉料理やスープに入れて酸味を出したり、アンチョビ(カタクチイワシの塩漬け)にかけて食べるなど、デザートとしてだけではなく、調味料的な食材としても親しまれています。

僕も彼女も、日本人がどのようにヨーグルトを食べているのか知らなかったので、ビジネスで出会った人や友人、知人に片っ端から聞いて回りました。

雑談には目的が大事とお伝えしましたが、これほど明確な目的を持った雑談は珍しいと思います。幸いだったのは、ヨーグルトは子供も食べられる食品ですから、老若男女を問わず、誰にでも聞くことができたことです。

「ヨーグルトを食べてますか?」
「どんなヨーグルトが好きですか?」
「ヨーグルトに何を入れてますか?」

ひたすら聞き回った結果、かなりビビッドなリサーチをすることができました。

雑談には、こんな活用法もあるのです。

雑談を「リサーチ」に活用する際の注意点

僕の会社でも雑談をリサーチに使うことがよくありますが、お互いが構えたような状況にある時は、本心とか本音は聞き出せないと考える必要があります。

「ご自分の会社に対して、どんな印象を持っていますか？」

こんな質問をする場合でも、**時間や場所を変えれば、その答えは大きく違ってくる**ことが少なくありません。

会社の会議室で30分とか1時間の時間を設けて、「これは企業調査のためのインタビューです」と伝えて話を聞くと、返ってくる答えは無難なところに着地します。

「社員のことを考えてくれる、素晴らしい会社だと思っています」

会社が認めているインタビューですから、悪いことを言うはずはありませんし、うっかり口を滑らせて、それが会社に知られたら……と考えれば、慎重になるのは当然です。

場所を変えて、**居酒屋で生ビールでも飲みながら雑談をすると、答えが180度くらい変わる**ことはよくあります。

「この間、ブラック企業の話をネットの記事で読んだんですけど、最近はこういう会社が多いようですね」と前置きをして、「あなたの会社はどうですか?」と聞けば、こんな答えが返ってくるのです。

「いやぁ、まさにブラックです。真っ黒ですよ。どういうことかと言うと……」

これが同じ人の口から出た言葉ですから、場所を変えて話すことには大きな意味があるのです。

雑談を使ってリサーチや情報収集、意見交換をしたり、インテリジェンス(情報を分析して得られる知見)を集めようとする時は、**時間や場所を変えて、何度か同じ質問を繰り返してみることが重要**です。

一流は「不平」や「不満」とどう向き合っているのか？

この章の最後に、海外のビジネスマンと日本のビジネスマンとの「不平」や「不満」との向き合い方の違いに触れておきます。

仕事が終わってチームのメンバー同士が居酒屋などに集まると、会社や上司、顧客に対する不平や不満、愚痴が飛び出すのは、どこの国でも同じです。

お酒が入っていますから、居酒屋の雑談は大いに盛り上がることになりますが、そこで語られる内容には極端な開きがあるのです。

日本のビジネスマンは、管理職であれば部下、部下であれば管理職への不満が雑談のメインテーマとなります。

どちらにも共通するのは、自分の扱いに関する会社への不平や、給料の安さを嘆くことかもしれません。

「会社はわかってない」
「あの上司は無能すぎる」
「俺の部下はバカだ」

愚痴を言い合っても、それでは何も変わらないことは参加者全員がわかっていますが、わかっているからこそ、いつも同じ話題で盛り上がります。

共通の「敵」を揶揄《やゆ》することで日ごろの鬱憤《うっぷん》を晴らし、**仕事で抱え込んだストレスを発散させている**のです。

僕が生まれたポーランドの場合は、お互いがネガティブな情報を持ち合って、傷を舐め合うような飲み会はまったく想像ができません。

ポーランドのホワイトカラーは、合理的じゃない会話を嫌いますから、問題を察知したら、すぐに解決策を考え始めます。

「嫌だったら、直接、相手に言うべきだよ」

「言わないから、相手に伝わらないんだ」

上司が問題であれば、「それ、どうする？」という会話になって、極端な場合は、「**それなら、明日、みんなで辞めよう！**」という話に発展します。

変わらないならば、自分で変えるしかない……という発想が原点にあるのです。

グーグルでも、「プロジェクトがうまくいかない」とか、「コミュニケーションが足りていない」となった場合は、メンバーで集まって、お酒を飲みながら話し合うことがあります。

合理的に解決策を探ることはポーランド人と同じですが、可能性とか、選択肢を話し合って、「じゃあ、どうする？」、「どんなことができる？」というアクションベースの雑談が交わされます。

愚痴を言う場合でも、それを相手にぶちまけて気晴らしをするのではなく、相手に相談することで「アドバイス」を求めるような会話になります。

もし愚痴をこぼすだけの人がいたら、**「何もしないで、愚痴を言うことに、どんな意味があるの？」**と詰められてしまうと思います。

日本のビジネスマンが愚痴をこぼして「ガス抜き」をしているのに対して、**海外のビジネスマンは雑談を通して可能性や解決策を探しています。**

良し悪しを判断するのではなく、その違いを知っておくだけでも、これからの働き方の参考になるのではないでしょうか。

第3章

どうすれば結果が出せるのか?

武器としてのビジネスの雑談

〜天気の話でお茶を
濁している場合ではない!〜

雑談の最初のミッションは「確認作業」をすること

ここからは、ビジネスの相手との雑談についてお伝えしていきます。

日本のビジネスマンは、雑談を本題に入る前のイントロと考えて、その日のアジェンダとは無関係な話をしていますが、海外の仕事ができるビジネスマンは、アジェンダを達成するための「**下準備**」として雑談を活用しています。

彼らが、雑談の最初のミッションと考えているのは「**確認作業**」です。

初対面であれ、何度も顔を合わせている相手であれ、目の前の相手の立ち位置や役割、その日の体調や心構えなどを、雑談を通して確認しています。

主な注目ポイントは、次の3つです。

①相手の状況の確認
②ビジネス状況の確認
③新たに必要となる情報の確認

これから大事な話を始めるのですから、**相手にその準備ができているのか……を事前に確認する**ことが第1段階です。

相手が明らかにバタバタしているようであれば、「何かありましたか?」とか、「お疲れですか?」と聞いてみて、本題に入れるかどうかを判断します。

「仕事上の問題が発生している」とか、「出掛けに妻とケンカした」など、こちらの目に見えないトラブルが起こっている可能性もありますから、雑談を通して相手のコンディションや心の準備の状況なども、あらかじめ確認しておく必要があるのです。

この確認作業はビジネスや商談の基本中の基本ですが、**日本のビジネスマンは意外にスルーしている**ようです。

「お世話になります。今日は暑いですね」と挨拶を交わし、軽い世間話などが終わると、すぐに本題に入ってしまうのです。

相手の状況を観察することなく、「それではスライドを用意しましたので、ご説明させていただきます」とプレゼンテーションを始めてしまったのでは、**相手の曖昧な表情の意味や、その場に漂う微妙な空気感を、簡単に見過ごす**ことになります。

海外の一流のビジネスマンは、まず最初に相手の様子を観察して、少しでも違和感を感じたら、次のような話を切り出します。

「貴重なお時間をいただきまして、ありがとうございます。本日は詳しい資料やスライドを準備しておりますが、**すぐにプレゼンを始めてもよろしいでしょうか？** 何か新しい課題があるとか、違う方向性が見えたということであれば、先にお聞かせください」

初対面であっても、相手の様子をきちんと観察する習慣を身につければ、微妙な違和感はすぐに察知できます。

こうした問いかけをすれば、状況の変化に応じて素早く対応することが可能になります。

極端なケースでいえば、「予算がなくなったから、御社の提案にはお応えできない」という相手の反応を最初に引き出すことができれば、無駄なプレゼンをすることなく、新たな方向性に沿った話し合いを素早く始めることができます。

わずか数分の確認作業によって、その後の結果が大きく違ってくるのです。

雑談で相手企業の「意思決定」の流れを確認する

これは意外な盲点になっていることですが、相手企業がどのような流れで判断を下して、誰が最終的な意思決定者なのかを確認しておくことも雑談の大切な目的です。

相手がどんなプロセスを経て決定するのか、誰が予算を握っているかを知らないまま、**ただ応対してくれただけの相手に全力投球で売り込んでも意味がありません。**

担当者に決定権があるのか、決定権がないならば誰にプレゼンすればいいのか、早い段階で知っておく必要があります。

日本のビジネスマンは、相手に遠慮しているのか、気を遣っているのか、誠意を伝えることばかりに注力して、**決定までの流れを曖昧にしたまま商談を進めているケースが少なくない**ようです。

世界のビジネスマンは、雑談の際にストレートに質問して、決定までのプロセスを把握してから本題に入っています。

そのあたりを不透明にしておくのが日本式の商談なのかもしれませんが、それとなく探り出すような工夫を続けることが大切です。

少なくとも、「**何が意思決定の決め手になるのか?**」とか「**意思決定の障害になる要因は何か?**」くらいは雑談で聞き出しておく必要があります。

ビジネスの相手がグローバル企業や外資系企業であれば、「どなたが意思決定者ですか?」とストレートに聞いても失礼には当たりません。

相手も当然のこととして答えてくれますし、こちらから質問しなくても相手が先に伝えてくれることもあります。

雑談を通じて「ライフタイムバリュー」を高める

ビジネスの雑談には、もうひとつ大きな目的があります。

顧客の「ライフタイムバリュー」（顧客生涯価値）を高めることです。

ライフタイムバリューとは、取引を開始してから終了するまでの間に、顧客がどれだけの利益をもたらしてくれるのか……という価値基準です。

その雑談が営業目的であるならば、**営業マンは単発のビジネスではなく、長期的に成果を上げられるような関係を築く**ことが求められています。

1回限りで終わるのではなく、将来にわたって末永く安定した関係を築いてライフタイムバリューを高めていくためには、自社のプロダクトのクオリティや価格だけでなく、営業マンの力量が大きく関係します。

雑談を通じてお互いの信頼関係を深めることで、相手に「**この人から買い続けよう**」と思わせるような、俗にいう「ハマる」状態を作ることが重要です。

海外の一流ビジネスマンは、「**CtoC**」**の関係を**「**BtoB**」**につなげる**ことをイメージしながら、ライフタイムバリューを高めるための雑談をしています。

自分のことを知ってもらい、相手のことも理解することで、長期的で安定的な人間関係を築くことを目指しています。

仕事のできるビジネスマンの多くは、担当者と深い信頼関係で結ばれた複数の取引先を持っていますから、新規獲得やノルマに悩むことがありません。

「**昨年のあれを、今年もお願いしますね**」と電話1本で営業を済ませているため、時間と気持ちの余裕を持って次のビジネスと向き合っています。

ビジネスの雑談には4つの「目的」がある

雑談をする際には、確認作業だけでなく、4つの大きな「目的」があることを知っておく必要があります。

しっかりと目的意識を持っていないと、雑談は細切れの会話になり、方向性を見失うことになるのです。

雑談には、次のような目的があります。

①「つながる」　相手との距離を縮めて信用を作る
②「調べる」　最新の動向や現状に関する情報を収集する
③「伝える」　自社の意向や進捗状況などを報告する
④「共有する」　最新の情報を相互に認識する

この4つの目的は、アジェンダに入る前だけではなく、**アジェンダについての話がひと通り終わった後の雑談の目的でもあります。**

アジェンダ関連の話が済んで、その場の緊張が少し緩んだ状況であれば、お互いにリラックスして雑談を交わすことができます。

相手がどんなことに興味があり、どんなキーワードに刺さるのか、時間が許す限り探っていくことも可能になります。

ビジネスの相手が、自分のことをしっかりと考えてくれて、興味のある話をしてくれたら、誰でも嬉しくなって、話が弾むものです。

こちらから話すだけでなく、相手の話に真剣に耳を傾けながら反応を観察していけば、相手の考え方だけでなく、プライベートな話にも触れることができるのです。

日本のビジネスマンは相手と「上下関係」を作ってしまう

ビジネスの相手と交わす雑談には、「ビジネスを成立させる」ことだけでなく、「相手と信頼関係を結ぶ」という大きな目的がありますが、海外のビジネスマンは、**日本のビジネスマンが簡単に「上下関係」を作ってしまう**ことを不思議に思っています。

大手企業と中小企業、発注企業と下請け企業、営業と顧客など、その規模や立場によって態度が変わることが奇妙な現象と映っているのです。

日本では、発注元は仕事を与える立場として偉そうに振る舞い、受注元の営業マンは相手にペコペコすることが「普通」と考えられています。

「お金を払うのだから、しっかりやれ」という上から目線の顧客に対して、「くそー、また残業だよ」と愚痴りながら、**プライベートの時間を犠牲にして働く営業マンの姿**

は、海外ではありえない光景です。

こうした上下関係が続く限り、日本の「働き方改革」が実現する日はやって来ないのではないか……と思えるほどです。

上下関係の弊害は、単に働き方の問題だけではなく、お互いの信頼関係が構築されない状態で仕事をすることになりますから、発注元の思惑に振り回されるだけで、仕事のクオリティが向上することは期待できません。

顧客企業にとっても、営業マンにとっても、あまりいい関係ではないと思います。

僕がビジネスにしているコンサルタント事業では、外部の人の前では顧客のことを「お客さん」と呼んでいますが、内部では「パートナー」と称しています。

社内のメンバーには、相手の担当者と信頼関係を築いて、しっかりとした「パートナーシップ」を構築することを強く求めています。

そのためには、雑談を通してお互いの人間性や考え方を共有しながら仕事を進めていくことが大切だと考えています。

海外でも日本でも、継続して結果を出している営業マンは、予算を含むビジネスの意思決定者を見極めて、**対等な人間関係を作っています。**

逆の見方をすれば、意思決定者と人間同士の対等な関係を構築できなければ、目覚ましい成果は得られないということです。

別に、相手企業のトップと親しく付き合うということではなく、予算を握っているのが課長や部長であれば、その立場の人と信頼関係を結ぶことを考えます。

そのために大事なのは、相手の期待を超えるアウトプット(結果)を出すことと、雑談を通じて関係性を深めていくことです。

ここでも、**「ＢｔｏＢ」ではなく、あくまで「ＣｔｏＣ」の関係性の重視します。**

意思決定者と個人的な会話ができないままでは、いつまで経っても上下関係が続いてしまうことになります。

ビジネスの相手と「対等」な関係を作るためのアプローチ

立場の違いによって生まれる上下関係は、「ＢｔｏＢ」の観点で考えたのでは、いつまでも改善できません。

あくまで「ＣｔｏＣ」の視点に立って、その関係性を少しずつ崩していく必要があります。

海外のビジネスマンが雑談を通して実践している３つのアプローチ法を紹介します。

①お互いの共通の「趣味」を見つける

これは最もベーシックなアプローチ法ですから、日本でも仕事のできるビジネスマンは実践しています。

「ゴルフがお好きなんですか？　私も大好きです。今度、ご一緒しませんか？」

「お酒はお好きですか？　面白いお店がありますので、ぜひ行きましょう」

「お子さんはウチと同い年ですね。子供たちと一緒に何かやりませんか？」

共通の趣味が見つかれば、お互いに語り合える話題がありますから、親近感が増して信頼関係が結びやすくなります。

②お互いに共通する「体験」や「考え方」を共有する

雑談を通して共通した体験や考え方が見つかれば、お互いが身近な存在と感じられるようになります。

「私も何度か転勤していますが、単身赴任というのは本当に寂しいですよね？」

「仕事で最も辛かったのはどんな時期ですか？」

「逆に、一番楽しかったお仕事は何ですか？」

相手と何度か顔を合わせて、こうしたことを聞けるようになれば、次第に関係性が変わり始めます。


相手の挫折体験まで話が及べば、お互いにリラックスした雑談ができます。

日本では、手っ取り早く学歴や出身地を共通の話題にすることが多いようですが、実体験や考え方を共有する方が、はるかに深い雑談ができます。

③相手にとって「必要不可欠」な存在になる

自分が知らない情報を持ってきてくれるとか、この人と仕事をすると結果が出るなど、相手にとって必要不可欠な存在になれば、平等なビジネスパートナーとして信頼関係を結ぶことが容易になります。

相手から相談されるような関係になれば、その信頼感はさらに深まります。

お互いが「敵」ではなく、「味方」と思えるようになれば、少しくらいの揉め事でも乗り切れることになり、時には無理なお願いをすることもできます。

お互いに味方だからこそ、「ビジネスではフェアにやりましょうね」と語り合えることが「Win-Win」な関係作りにつながると思います。

興味と好奇心を持って、相手に意識を集中する

ビジネスの場で雑談に使えるのは、5分とか10分程度の短い時間しかありません。

限られた時間でお互いの共通点を見つけ出すためには、「**どこが同じで、どこが違うのか？**」という視点を持って、そこに意識を集中することが大切です。

大事なのは、相手に「興味」や「好奇心」を持って接するという姿勢の問題です。

日本では、ビジネスマン向けの雑談に関する本が数多く出版されていますが、その大半が「どんなネタを話せばいいか？」とか、「お互いが話に詰まったら、どうすればいいか？」という**小手先のテクニックの話に終始しています。**

テクニックを使えば、何とかその場を「乗り切る」ことはできるかもしれませんが、ラポールを作って、信頼関係を高めることにはつながりません。

雑談の目的は、その場を「しのぐ」ことではなく、お互いの関係性を築くことですから、もっと根本的な問題に目を向ける必要があります。

それは、男女の恋愛に置き換えて考えると理解しやすくなります。

男性の中には、女性と会話する時に、「何を話したらいいのかわからない」と不安を感じている人が少なくありません。

その不安は「何を話題にすればいいのか?」という小手先のテクニックの問題に原因がありますが、**まず最初に考える必要があるのは話題ではなく、相手の女性と「どうなりたいのか?」という根本的な動機**です。

相手と「もっと親しくなりたい」のか、「友達になりたい」のか、「口説き落としたい」のか、その目的をハッキリと自覚すれば、自然と接し方が決まってきます。

その接し方によって、相手の対応も違ってくるのです。

基本的には、相手に興味を持っているか、持っていないかという姿勢の問題です。

僕の好きな名言のひとつに、「**If you want to be interesting be interested**」(**興味深い人になりたければ、興味を持て**)というものがあります。

これは、自己啓発書の元祖として知られる世界的なベストセラー『人を動かす』を書いたアメリカの作家デール・カーネギーの言葉です。

相手と深くつながるような雑談は、相手に対する興味がなければ成り立ちませんが、お互いを雑談を通して高め合うくらいの意識を持って、「この人はどういう人なのか?」を知ろうとすることが大切……と僕は解釈しています。

それはコーチングでも同じですが、小手先のテクニックに頼ることなく、相手を人として見て、好奇心を持って集中することで、本質的な質問をすることができます。

こちらが興味を示せば、相手も興味を持ってくれます。

こちらが興味を示さなければ、相手に興味のないことが、すぐに伝わってしまいます。

価値観や本当に深い話を投げかけた場合、相手はそれを拾ってくれるのか?

果たして、その深さはどこまであるのか?

あるいは、少し挑発的なことを質問したら、相手はどのように反応するのか?

相手に興味を持ち、様々なアングルから相手の本質に迫る試みをすることが、内容のある深い雑談につながっていくのです。

相手を喜ばせることより、本質的な雑談を目指す

相手に好感を持ってもらいたいと考えて、相手を喜ばせるような話題や、楽しませるような話題ばかりを提供するビジネスマンがいますが、ビジネスの場では、あまり効果は期待できないと考える必要があります。

気になる人をデートに誘うのであれば有効かもしれませんが、ビジネスの相手を楽しませても信頼関係には結びつきません。

露骨なヨイショ話などは、逆効果になることもあります。

相手と信頼関係を築くには、雑談を通じてラポールを作ることが大切です。

ラポールを作るための「3原則」は次のようになります。

①相手が「何を大切にしているか？」を知る
②相手が「何を正しいと思っているか？」を知る
③相手が「何を求めているか？」を知る

この3原則を知るための方法として、僕は「**7つの質問**」を用意しています。
これは僕が主催しているビジネスマンやマネジャー向けのワークショップでも使っているものですが、何回かに分けながら、自然な雑談の流れで相手に質問をしていけば、相手のビジネスに対する本質に触れることができますから、ラポールを作りやすくなります。

質問①あなたは仕事を通じて何を得たいですか？
質問②それはなぜ必要ですか？
質問③何をもっていい仕事をしたと言えますか？
質問④なぜ今の仕事を選んだのですか？

質問⑤去年と今年の仕事はどのようにつながっていますか？
質問⑥あなたの一番の強みは何ですか？
質問⑦あなたは今どんなサポートが必要ですか？

ビジネスの相手に対して、「あなたは仕事を通じて何を得たいですか？」などとストレートに聞けば、怪訝な顔をされることは確実ですから、**表現を工夫しながら、さりげなく聞き出すことが大切**です。

質問①と②は相手の「価値観」や「信念」、質問③と④は「仕事の基準」や「モチベーション」、質問⑤は「自分の成長」、質問⑥と⑦は「仕事の進め方」や「協力体制」を知ることができます。

日本のビジネスマンがあまり話題にしないテーマですので、上手に質問をすれば、新鮮な雑談になるだけでなく、今後の関係性を深めていくためのヒントにもなります。

異業種の相手には「サイクル→トレンド→パターン」を聞く

ビジネスで自分の知らない分野の人と雑談をする時には、「**どんな話をすればいいのか?**」と悩むことがあります。

いくら事前の準備をしても、付け焼き刃の知識を披露したくらいでは、相手に底の浅さを見抜かれてしまいますから、ラポールを作って信頼関係を高めることは至難の業です。

そんな場合は、相手の業界についての「**サイクル→トレンド→パターン**」を質問してみるのも有効です。

僕も興味のある業界や、未知の業界の人と話をする際には、まず最初に相手に聞くことにしています。

その具体例として、ファッション業界のケースを紹介します。

ファッションの世界は、常に最新のトレンドを生み出していますが、同じようなファッションが何年ごとに繰り返し流行する傾向があります。

これがファッション業界の「サイクル」であり、そのサイクルの流れの中で、最も新しいものが「トレンド」です。

「パターン」とは、その業界の顕著なビジネスモデルのことで、ファッション業界であれば、低価格の商品を自社で製造・販売して「製造小売業」というビジネスモデルを確立したユニクロなどが典型的な例となります。


相手が自分の業界に精通していれば、「サイクル→トレンド→パターン」について的確な説明をしてくれますから、それに合わせて雑談を膨らませることができます。

「最近は、どんな会社が最先端を走っているのですか?」

この質問によって、業界のトレンドに一歩踏み込むことができます。

「1年を通して、最も忙しくなるのはいつですか?」

それを聞くことで、業界のサイクルを理解することができます。

事前に可能な限り「サイクル→トレンド→パターン」を調べておけば、付け焼き刃ではない深い雑談ができるのです。

この「サイクル→トレンド→パターン」の話題は、相手に対して自分の業界について雑談の中で伝えることで、お互いの理解を深めることにもつながります。

起業家やビジネスをやっている人は、自分と異なる業界のサイクルやパターンを知りたがっています。

幅広く情報を集めて、新たなパターンを作り上げることに意欲的ですから、真剣に耳を傾けてくれます。

雑談でお互いの距離を縮めるためには、大いに役立つテーマだと思います。

エグゼクティブは雑談で「スクリーニング」している

大企業の社長や幹部クラスの人たち、あるいはビジネスで成功した起業家や大病院の医師、売れっ子の弁護士など、いわゆるエグゼクティブとか富裕層と呼ばれる人たちには、ひとつの共通点があります。

雑談を通して、「**スクリーニング**」（**ふるい分け**）**をしている**ことです。

エグゼクティブを相手にビジネスをする際には、目の前のアジェンダより先に、雑談の段階でこちらをスクリーニングしていると考える必要があります。

ビジネスで成功して高い収入を得ているエグゼクティブは、「お金の自由度」が高い人たちですから、お金を払って手に入れられるものと、お金を払っても手に入れられないものが明確に見えています。

彼らが求めているのは、**自分にとって「新たな刺激」となる情報や知恵、アイデアなど、お金では買えないもの、お金の価値を超えたもの**です。

雑談に使える時間はわずか5分程度ですから、その短い時間でどのくらい新たな刺激を提供できるかが、信頼関係を結ぶための最初の一歩となります。

多忙な彼らは「タイム・イズ・マネー」の考え方が徹底していますから、のんびりと天気の話をしていたのでは「時間泥棒」と見られて、即退場となってしまうのです。

「面白い! 会ったことがない人だ」
「こういう情報も持ってるんだ!」
「もっと話をしたい!」

相手にそう感じさせるような価値のある話が提供できれば、彼らは興味を持って身を乗り出し、本題にも真剣に耳を傾けるようになります。

彼らは雑談の段階で、「**敵か味方か**」、「**戦力になるか**」、「**腹を割って話せるか**」などの観点から相手をスクリーニングして、今後の付き合い方を含めて判断しています。

ここで相手が「ハマる」状況を作ることが最大のポイントです。

相手が興味を持ってくれれば、それがビジネスにつながるだけでなく、次なる展開が生まれます。

エグゼクティブは自分のコミュニティを持って、常にネットワークを広げて、情報のアンテナを張り巡らせています。

こちらに対して、「面白い」とか「信用できる」、「信頼できる」と考えるようになれば、**仲間として迎え入れられることで、たくさんのエグゼクティブとの交流の輪に加わることができます。**

日本でも海外でも、圧倒的な結果を出しているビジネスマンの多くは、こうしたチャンスを確実にモノにしています。

自分に興味を持っている相手には好意を示す

ビジネスの成功者であるエグゼクティブを相手にして、「果たして、そんな雑談ができるものだろうか?」と疑問を感じたり、不安になる人も多いと思います。

先に紹介したのは、圧倒的な結果を出しているビジネスマンのケースですから、**あくまでも最高到達点であり、レアケースと考える**必要があるかもしれません。

それでは、一般的なビジネスマンは、どのように対応すればいいのか?

その具体例として、僕の作戦をお伝えしたいと思います。

僕がビジネスでエグゼクティブに会いに行く場合には、相手を「質問攻め」にすることにしています。

主な質問内容は、次のようになります。

質問①ビジネスを始めた（現在の仕事を選んだ）きっかけをお聞かせください
質問②過去の挫折体験を教えてください
質問③ブレイクスルー体験は、いつどんな時でしたか？
質問④現在のミッションは何ですか？
質問⑤ビジネスに関して、どんな価値観をお持ちですか？
質問⑥ビジネスに向き合う際の信念を教えてください

根掘り葉掘りというか、相手を丸裸にするくらいのつもりで、徹底的に深い話を聞きまくります。

相手はトップクラスのエグゼクティブですから、「**そこまで踏み込んだ質問をすると、相手は気を悪くするのではないか？**」と思われるかもしれませんが、そんなことはありません。

これまでに数多くのエグゼクティブを質問攻めにしてきましたが、怒り出したり、不愉快な顔をされた経験は一度もないと思います。

それどころか、**相手は面白がりながら僕の質問に丁寧に答えてくれます。**

人は自分に興味を持って話を聞いてくれる相手には、好意的に対応してくれるものです。

一切の遠慮をせず、ここぞとばかりに質問攻めにすることによって、相手は自然と心を開いてくれますから、徐々に距離感を縮めることができるのです。

教養は時間がかかるが「質問力」は短時間で身につく

ここでも大事なポイントは、相手に「興味を持つ」ということです。

雑談というと、「こちらが何を話すか?」ばかりに重点を置きがちですが、「**相手の話を興味を持って聞く**」ことも同じくらいに重要です。

相手の話を興味を持って聞くためには、どうすればいいのか?

その答えは、意外に簡単です。

自分が興味のあることを、相手に質問すればいいのです。

・エグゼクティブは何を大切にしているのか?
・どんな課題を持ち、何に悩んでいるのか?
・普段はどんな生活をしているのか?

・そもそも、お金とどう向き合っているのか?

相手に聞いてみたいことは、山のようにあるはずです。

これはエグゼクティブに限らず、どんな業界のどんな人が相手でも同じことがいえます。

あまりにもプライベートに立ち入った質問をすると、「興味本位」や「面白半分」と思われて逆効果を招くことになりますから、**誰にでも当てはまるような「普遍的な問い」を日頃から準備しておくことも大切**です。

リベラルアーツを身につけるには相当な時間がかかりますが、**「質問力」を身につけることは意外に短時間でできます。**

教養が追いつかないと感じているならば、質問力を高めることで、相手と会話のキャッチボールをすることも選択肢のひとつです。

「普遍的な問い」というのは、人に意外な効果をもたらします。

「あなたにとって、人生の意味とは何ですか?」というような哲学的な質問は、普段の生活ではあまりお目にかからないタイプのものですから、後になっていろいろと考えるきっかけになります。

「そういえば、今日、人生の意味を聞かれたけど、今まで考えたことがなかったな。自分は何を大切にしているんだろう? 何を求めて仕事をしているのかな?」

その答えは今日と明日では違うかもしれませんから、質問された側は、あれこれと考え始めることになります。

いろいろなことを考えながら、「面白い質問をされたんだな」と感じて、その問いをしてくれた人に感謝の気持ちを持ってくれたりするのです。

雑談で鋭い質問をすることも大事ですが、**人と人がつながるような深い質問を用意しておくことは、もっと大事なこと**なのです。

「聞きにくいこと」を質問する時に便利なフレーズ

相手に対して、「これはちょっと、聞きにくいな」と思うような質問をする時は、どのように切り出せばいいのでしょうか?

相手に遠慮をして聞かないままにすると、後になって悔やむようなことであれば、気後れせずに堂々と聞く必要があります。

僕の場合は、「**素朴な疑問なんですけど**」と前置きして、ストレートに質問するようにしています。

この「素朴な疑問なんですけど」というフレーズは、僕の口癖です。

深刻な表情はなく、軽い笑顔で「すいません。素朴な疑問なんですけど」と質問すれば、相手も構えることなく、素朴な疑問について答えてくれます。

話が終わってから、相手に「これは素朴な疑問ではなく、アジェンダの核心ですよね」と苦笑いされることもありますが、**どうしても聞きたいことは、その場で聞いてしまうことが大切**です。

海外のビジネスマンも、同じタイプのフレーズを前置きとして使っています。

英語であれば、**「It may be a tricky question」（奇をてらった質問かもしれませんが）**という表現が一般的です。

いきなり核心に踏み込むのではなく、簡単な前置きをすることで、相手に心の準備をする時間を与えることができます。

相手に迫る感じではなく、あくまでチャーミングな雰囲気で質問をすれば、緊張感が生まれる心配もないと思います。

日本語には、こうした便利なフレーズが他にもいろいろあります。

「少し話が脱線しますが……」

「こんなことをお聞きすると、失礼にあたるかもしれませんが……」
「お気を悪くされたら、恐縮ですが……」

自分や相手のキャラクターや立ち位置、その場の雰囲気などを考慮しながら、適切なフレーズを選ぶことが肝心ですが、**大事なのは「笑顔」で、相手と「目」を合わせて、「何気なく」聞いてしまうこと**です。

相手が答えやすい状況を考えて意図的に情報を集める

日本のビジネスマンは、雑談を「本題に入る前の軽いイントロ」と考えていますが、この考え方によって、大きな見落としをしていることをご存知でしょうか？

ビジネスの雑談には、本題に入る前と後の雑談があることは先述の通りですが、この他にも様々な「**雑談の場**」があります。

それをスルーしたままでいることは、絶好のチャンスを逃していることでもあるのです。

具体的には、次のようなシーンが雑談の場となります。

・**移動中の廊下の雑談**

・トイレの雑談
・帰りがけのエレベーターの雑談
・別れ際の雑談

時間にすれば1~2分程度かもしれませんが、相手のチームのマネジャーや上司がいる前では、なかなか本音を引き出せないこともあります。

休憩時間に一緒にトイレに行って、「木村部長って、どういう方ですか? 何を大切になさっているんですか?」とか、「この案件で、木村部長の基準は何ですか?」など、意外と普通に聞くことができます。

そうしたチャンスをフル活用しないことは、時間の無駄であるだけでなく、機会の損失にもつながります。

戦略的に考えるならば、相手が答えやすいシーンや状況、環境を見計らって、意図的に情報を集めることが大切です。
海外の一流ビジネスマンは、いつどのようなタイミングであれば情報を得られるのか、冷静に見極めながら、そのイメージをしっかりと頭の中にインプットしています。どうすれば情報を集められるのか、常に試行錯誤を繰り返しているのがプロフェッショナルのビジネスマンと考えているのです。

あらかじめ情報収集のための明確なイメージを持っておかないと、帰りのエレベーターで相手と一緒になっても、苦痛な沈黙が続いて、お互いに気まずくなるだけです。

複数で相手と雑談する時は「役割分担」を決めておく

チームでビジネスの相手と対する時は、その日のアジェンダだけでなく、雑談に関しても事前に「役割分担」を決めておいた方がスムーズに話が進みます。

日本では、**チームのマネジャーや上司が話の口火を切り、メンバーや部下はそれに合わせてニコニコしているだけ**……という光景が珍しくありません。

ワンチームで動いているといっても、メンバー個々の持ち味やキャラクターを相手に理解してもらい、その集合体として信頼関係を深めていくことが大事です。

僕の会社でチームで動く際は、**役割分担を明確に決めています。**

僕は金銭に関する話は一切せず、これに関しては誰、この話は誰と細かく打ち合わせをするようにしています。

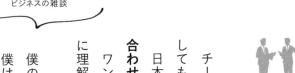

雑談での僕の役目は、「外国人カード」をフルに使って、相手から知りたいことをストレートに聞き出すことです。

場合によっては、**「そちらのチームは仲がいいんですか？　何かモメ事があったりしますか？」**と日本人なら絶対にしないような質問をして、相手をビックリさせることもあります。

相手も、そんなことは聞かれたことがありませんから、「いや、実はこの間、こんなことがありました」という面白い話が飛び出して、その場の緊張がほぐれたりします。

そのすぐ後に、チームのひとりが「いやぁ、すいませんね。ピョートルは外国人なもので、遠慮せず率直に自分の聞きたいこと言ってしまうんです。これからも、こういうことがあるかもしれませんので、ご承知おきください」と日本人だからこそできるフォローを入れて、**厳しい質問を受け入れてもらうための下地を作ったりしている**のです。

あらかじめ役割分担を決めて、戦略的に雑談をしていけば、それだけ早く信頼関係が芽生えて、相手とラポールを作ることができます。

メンバーが思い思いの話をしているのでは、ビジネスの雑談としては、効率が悪くなってしまうのです。

相手が複数の雑談では、最も立場が弱い人を立てる

チーム同士の雑談など、相手が複数の場合は、立場が上の人ばかりに注目しがちですが、仕事ができる海外のビジネスマンは、**メンバーの中で最も立場が弱い人にも関心を寄せる**ように意識しています。

相手が「部長」、「課長」、「係長」、「新卒」という顔ぶれであれば、どうしても部長ばかりに目を向けてしまいがちです。

何か質問をする際も、「部長→課長→係長→新卒」と役職の序列に従うことが多くなり、場合によっては、係長や新卒はスルーしてしまうことも珍しくありません。

これでは、幅広く情報を集めたり、相手の考え方を知るためには不十分なのです。

「山田部長は、どんな趣味をお持ちですか？」

僕は、まず最初に部長に質問したら、その次に質問する相手は課長ではなく、最も立場が弱い新卒の人を選んでいます。

「では、吉田さんの趣味は何でしょうか?」

新卒の人にも部長と同等な発言の機会を作ることで、**「話しやすい場」を作り、幅広く情報を集められる環境を整えています。**

最初に部長に質問していますから、部長の立場やプライドを傷つけるようなことにはなりません。

「部長→新卒→課長→係長」という、相手にとっては想定外の順番を作ることによって、思わぬ情報を引き出す可能性を高めているのです。

これが、雑談を武器として活用するための「ファシリテーション」(会議やミーティングを円滑に進める技法)です。

一流ビジネスマンは、話の「なりゆき」に任せて、どこに向かうのかわからないような雑談を「時間の無駄」と考えています。

彼らは、次のような手順をイメージしながら複数の相手との雑談を進めています。

①参加メンバー全員に発言の機会を作る
②多様な意見を集めて瞬時に理解・整理する
③重要と思われるポイントを深掘りする
④話題を広げて、できる限り相手の情報を聞き出す
⑤集めた情報を合意形成のための材料として活用する

日本のビジネスマンが漠然とした世間話をしているのに対して、海外のビジネスマンは明確な「戦略」と「戦術」を持って、雑談をしているのです。

雑談を武器として活用するための「3つ」の心構え

雑談を活用して成果に結びつけるためには、注意すべきポイントが3つあります。

この章の最後に、その重要ポイントをお伝えします。

【心構え①】雑談を「1回限りのチャンス」と考える必要はない

雑談の目的は、できる限り相手の情報を集め、お互いの信頼関係を高めることによって、結果を出すことにあります。

一度の雑談であらゆる情報を集めることは不可能ですから、細かくタイミングを見計らい、**それを集積することで目的を果たしていく**ことが重要です。

「あれも、これも」と欲張って質問を集中させたのでは、相手に不信感を持たれて、逆効果になることは明らかです。

今日がダメなら、次のチャンスを待つ……くらいのリラックスした姿勢を維持することが重要です。

【心構え②】知り得た情報を「次にどう活かすか?」という視点を持つ

情報は、ただ集めただけでは単なる「データ」に過ぎません。

そのデータを「どのようにして活かすか?」という視点があってこそ、データは情報になるのです。

大事なことは「**何のために、その情報がほしいのか?**」という目的意識をハッキリと持って、知り得た情報を有効に活用する工夫をしていくことです。

興味本位で相手の情報を集めただけでは、何の役にも立たないのです。

【心構え③】前回の内容をしっかりと覚えておく

これは意外な落とし穴ですが、雑談には「予習」(事前準備)が欠かせないだけでなく、**しっかりと「復習」(振り返り)をしておく**ことも重要です。

最悪の場合、同じ質問をして、相手が気分を害することもあります。

「ご出身はどちらですか?」

「埼玉です。前回、お伝えしましたよね……」

こんな事態を避けるためには、雑談の要点を箇条書きにして、要点を記録として残しておくことです。

スマートフォンのメモ機能を使えば、雑談の前にサッと目を通すことができますから、無用なトラブルを回避できます。

「質問項目」と「回答項目」の両方を用意しておけば、それをチェックするだけで、次の雑談のテーマを明確に把握することもできるのです。

第4章

何を話すべきではないのか?

こんな雑談は危ない! 6つのNGポイント

~相手との関係性次第で
タブーは決まる~

「何を聞かない方がいいか?」を合理的に判断する

この章では、雑談をする際の「注意点」にスポットを当てます。

雑談では、何を話すべきではないのか?

雑談の目的は、お互いが意思の疎通を図り、信頼関係を結んでラポールを作ることですから、相手が不安になったり、嫌悪感を抱くような話題は避けるべきですが、僕は**誰にでも共通するような「雑談のタブー」は存在しない**と考えています。

すべては、相手との「関係性」次第なのです。

例えば、「**セクシャリティ**」(**人間の性の在り方**)について考えてみましょう。

雑談の相手が、交際を始めたばかりの恋人であれば、セクシャリティの話題はタブーではありません。

多くの日本人は、男女間のセクシャリティに関する話題を遠ざけることが「思いやり」と考えていますが、海外では積極的に話し合うことが、相手に対する「マナー」です。お互いの考え方を伝え合い、それを共有することが、2人の関係性を深めるためには不可欠と考えられています。

では、会社の人たちと、セクシャリティに関する話題で雑談をするのはどうでしょうか?

同じチームの男性マネジャーと女性メンバーが居酒屋などで雑談をしていると、お酒の勢いも手伝って、軽い気持ちでセクシャリティの話題を持ち出す男性マネジャーがいます。

当人に特別な意図がなくても、それは「**危ない雑談**」と考える必要があります。

女性メンバーが不快に感じている場合は論外ですが、いくら気のおけない関係であっても、将来的に「火ダネ」になる可能性もあるのです。

お互いの関係性がいい時には、女性メンバーも笑って済ませるでしょうが、何かトラブルが起こった時には、「そういえば、あの時、あんなことを聞かれたな」と思い出します。

男性マネジャーが軽い雑談のつもりで話したことが、**後になって明確な「セクハラ発言」に変わることがある**のです。

これはお互いにとって、非常に不幸なことだと思います。

無用なトラブルを避けるためには、相手が男性であれ女性であれ、お互いの関係性を長期的な目で見ながら、「**何を聞かない方がいいか？**」を合理的に判断することが大切です。

「こんな雑談は危ない！」という視点を持つ

雑談には、誰にでも共通するようなタブーは存在しませんが、最低限のマナーとして、相手を不快にさせるような発言は避けるべきです。

ここからは、「こんな雑談は危ない！」という視点に立って、**6つの雑談のNGポイント**をお伝えします。

雑談のNG 01 相手のプライベートに、いきなり踏み込まない

相手のプライバシーに土足で踏み込むような行為がNGであることは、誰もが十分に理解していることですが、意外と無意識にやっているのに気づくことが第一歩です。

ビジネスの相手と雑談をしている時に、相手のことを知ろうとして、「**ご結婚はな**

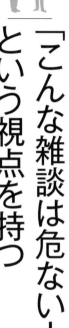

さっていますか？」と気軽に尋ねるビジネスマンがいますが、こんな会話にも思わぬ危険が潜んでいます。

想定されるリスクには、次のようなものがあります。

・相手は独身であることに悩んでいるかもしれない
・結婚に興味がない人かもしれない
・同性愛者のため、日本で法的な結婚ができなくて困っているかもしれない
・配偶者と上手くいっていないかもしれない
・離婚したばかりかもしれない

質問した本人に「そんなつもり」がなくても、相手の受け取り方は千差万別ですから、誰もが円満な家庭を築いているとは限らないのです。

共通点を探すために、どうしても必要な話題であるならば、**質問のアングルを変える必要があります。**

「**休日は何をされていますか?**」

こんな聞き方をすれば、相手はストレスなく質問に答えることができます。

「子供と一緒に公園で遊んでいます」

その答えを聞けば、当初の目的は果たすことができます。

「お子さんは、おいくつですか?」という質問を重ねれば、無理なく相手の情報を得ることができるのです。


社内の雑談でも、**いきなり相手のプライベートに踏み込まない**のがマナーです。

チームの女性メンバーが、「昨夜は飲みすぎました」と話してくれたとします。

「**誰と飲んだの?**」

誰でもこう聞きたくなりますが、それでは少し踏み込みすぎです。

僕ならば、「**何を飲んだの?**」と質問して、雑談を始めます。

「大学時代の友人と、日本酒を飲みました」

ここで、**「相手は男なの？　女かな？」と聞いたのでは、何の意味もなくなります。**

「どんな大学生活だったの？」

相手が「大学時代の友人」と自己開示してくれたのですから、その話に乗れば、女性メンバーの実体験を自然に聞くことができます。

プライバシーに土足で踏み込まないというのは、簡単なようで、意外に難しいものです。

相手の話に出てきた「キーワード」を拾って質問を重ねていけば、プライバシーに過干渉することなく、自然な雑談を通じて相手を知ることができるのです。

雑談のNG

02

「ファクト」ベースの質問は意外に危険

日本のビジネスマンは、軽い気持ちで「大学はどちらですか？」とか、「こちらの会社の前は、どこにお勤めでしたか？」という質問をします。

こうした「ファクト」ベースの質問は**相手の気持ちにネガティブに刺さる可能性があります**から、もっと慎重になる必要があります。

希望した大学に合格できなかったことを、ずっと引きずっているビジネスマンは、どこの会社にも必ずいます。

前の会社をリストラされて、忸怩《じくじ》たる思いをしている人もいるかもしれません。

いきなりファクトベースの話を持ち出すと、相手が気分を害することがあるのです。

「商社マンとして、何を大切にしているのですか?」とか、**「銀行マンの仕事の醍醐味は、どのあたりにありますか?」**という質問であれば、そのリスクはゼロです。

単刀直入なファクトベースの質問ではなく、「価値観」ベース、「信念」ベース、「期待」ベースの質問を心がける気遣いが大切です。

雑談のNG

03 ビジネスの場で「収入」の話はしない

日本のビジネスマンで、「あなたの年収はいくらですか?」と同じチームのメンバーに聞く人はいないと思いますが、それは海外のビジネスマンでも同じです。

日本企業では、他人の「懐事情」を詮索するのは不躾な行為と考えられていますから、**無遠慮に相手の収入を聞くことは「ご法度」**とされています。

海外の企業や外資系企業の場合は、マナーとしてだけでなく、そもそも給料やボーナスの額を明らかにすることを雇用契約や就業規則などで、禁止している企業が多いのです。

日本企業であれば、部長はいくら、課長はいくらなど、あえて質問をしなくても、ある程度の相場は想像することができますが、海外企業や外資系企業には、そうしたシステムがありません。

新卒で入社するケースがほとんどの日本企業と違って、海外の企業は中途採用が大半ですから、優秀な人材であれば、企業は大枚をはたいて獲得に乗り出します。

同じチームで働いていても、**そこには極端な「賃金格差」が生じている**ため、自分のモチベーションを保ったり、無駄な軋轢《あつれき》を避けるためにも、お互いの年収は聞かないのが不文律です。

海外でも日本でも、収入の話題は避けるのが無難だと思います。

雑談のNG 04 「シチュエーション」を考えた雑談を心がける

日本のビジネスマンと雑談をしていて、「**オン**」と「**オフ**」**の極端な落差**に何度も驚かされた経験があります。

ビジネスの場では、当たり障りのない無難な雑談をしていた人が、飲み会の場になると、急に「ド直球」のプライベートな質問を始めたりします。

居酒屋などで隣に人がいても、何も気にせず、「ピョートルさん、日本の女の子は好きですか？」などと聞いてくるのです。

衆人環視の状況下で、こんな質問をされる人の気持ちを考えたことがあるのでしょうか？

その無神経な振る舞いは、相手に対する信頼感を大きく揺さぶることになります。

「壁に耳あり、障子に目あり」とか、「油断大敵」という心構えは、ビジネスマンの基本中の基本です。

隣に座っているのは、明日の新規獲得を目指す担当者かもしれません。

自分のボスの友達が向かいの席にいるかもしれません。

実際、僕のグーグル時代の元チームメンバーが経営している会社に入社したばかりの2人が、隣の席であれこれと会社のウワサをしていたことがあります。

「あの人はこうだ」、「アイツはダメだ」という話の登場人物は、ことごとく僕の知り合いでした。

こんなことで会社の評判を落とすのは、元メンバーとしてだけでなく、同じ会社経営者として、同じ働く者として、やりきれない気持ちになります。

シチュエーションを考えて雑談をすることは、相手に対する最低限のマナーであり、ビジネスマンとしての義務でもあるのです。

雑談のNG 05 「宗教」の話は無理に避ける必要はない

日本のビジネスマンは、「海外の相手と雑談をする時は宗教の話は避けるべき」と考えていますが、僕はそれが正解とは考えていません。

中途半端な知識を披露したり、その是非を議論するのは問題外ですが、相手とビジネスをするのであれば、雑談を通して、きちんと話をしておく必要があるからです。

相手がイスラム教の人であれば、お祈りの時間とビジネスが重なった場合、どのように対応すればいいのか、あらかじめ知っておく必要があります。

ヒンドゥー教の人であれば、基本的には肉を食べませんから、ランチや会食の前に事前にチェックしておくことが求められます。

宗教についてダイレクトな質問をするのではなく、**「どのような日常を過ごしていますか？」「食べられないものはありますか？」「お酒は飲みますか？」**と聞けば、知りたい情報は得ることができます。

「ビジネスの場だから宗教の話はＮＧ」なのではなく、相手を尊重して、不快な思いをさせないために、聞くべきことはきちんと聞くという姿勢が大事です。

雑談のNG 06

「下ネタ」で距離感が縮まることはない

日本のビジネスマンには、雑談で「下ネタ」を話したがる人がいます。

その数はさすがに時代と共に減っているとは思いますが、中高年層には少なからず生き残っているようです。

男性同士であれば、下ネタを話題にすることで、お互いの距離感が縮まったように感じられます。

その場に女性がいても気にすることはなく、女性も楽しんでいるだろうと勝手に思い込んでいる人もいます。

残念ながら、**どちらも勘違いであることは、すでに世の中の常識**になっています。

僕は、下ネタを話すことが悪いと言いたいのではなく、話す場所が違うというだけのことです。

そういう話をしたいのならば、ビジネスの場ではなく、仲の良い友達とすればいいだけの話です。

日本のビジネスマンには、決まりきったパターンの雑談と下ネタの2種類しか雑談のネタを持っていない人が少なくありません。

人間らしい素直な会話ができない人は、それだけで信用を失っていることに気づく必要があります。

あえて「雑談をしない」という選択肢もある

雑談の目的は、お互いの心理的安全性を高めてラポールを作り、生産性を向上させて、アウトプットを高めることにあります。

お互いが心理的安全性を感じて、ラポールを作れている状況であれば、**無理に雑談をする必要はなくなります。**

雑談をするのではなく、オペレーションに集中した方が、はるかに成果に近づくことができるのです。

落ち着いた気持ちで、のびのびと仕事ができる状態であれば、必要な会話は雑談ではなく、目的意識を共有して、その目的に向かった会話をすることです。

アジェンダに関する話をしっかりしておけば、さらにリラックスして仕事に取り組むことができるのです。

こうした状態でも、ダラダラと話をしているのは、単なる無駄話です。

日本企業では、月曜日の朝に出社すると、「**週末は何をしてました?**」という話をしたがる人が多いようですが、ラポールができているならば、恒例行事のような「**定例雑談」は無用**となります。

何も話さなくても、不安になる必要はありません。

無理に雑談をしたのでは、仕事のジャマになるだけです。

あえて雑談をしないという選択肢を持つことは、周囲との良好な関係が長く続くことにもつながるのです。

おわりに

リモートワークの増加が雑談の重要性を浮き彫りにした

コロナ禍の影響によって、私たちの働き方には大きな変化が生まれました。

リモートワークによる在宅勤務が増えて、チーム内のミーティングがオンラインに切り替わったことも、その象徴的な変化のひとつです。

オンラインのミーティングは、苦手な人と会わなくて済むという思わぬ効果を生み出した反面、意思の疎通が曖昧になるなど、人と人とのコミュニケーションに様々な障害が出ることがハッキリとわかってきました。

オンラインの場合は、簡単な挨拶を交わすだけで、すぐにアジェンダに入りますから、どうしてもチームとしての「**つながり**」**が希薄になってしまう**のです。

オンラインの導入が始まった当初、雑談が苦手な人たちは、「余計な会話をしなくて済むので助かる」と歓迎ムードで迎え入れていましたが、時間の経過とともに、それは次第に不安へと変わっていきました。

マネジャーが、本当は「どう思っているのか？」がわからない。

チームのメンバーと、目的意識を共有できていない……。

ビジネスの経験が浅い若手社員だけでなく、幅広い世代のビジネスマンが、これまでに感じたことのない不安に直面することになったのです。

こうした経験を通して、多くのビジネスマンが雑談の「意味」や「意義」を改めて認識したのではないでしょうか？

日本のビジネスマンは、雑談を世間話や無駄話と軽く考えていたはずですが、ビジネスの雑談には「相手との信頼関係を高める」、「ラポールを作って、リラックスした状態で仕事に向き合う」という大事な役目があることを、実体験として学んだと思います。

雑談に必要なのは「好奇心」「知識」「経験」の3要素

本書では、**ビジネスの雑談の目的は、「チームの生産性を向上させて、成果を出すことにある」**と定義して、それを実現するための様々なアプローチ法をお伝えしてきました。

雑談とは、天気の話や世間話をすることではなく、相手のことをしっかりと理解するために「本質的な会話」をすることです。

本質的な会話とは、**「相手を理解するための深い会話」**のことを指します。

チームビルディングであれ、ビジネスであれ、お互いのことをきちんと理解し合うことが、成果を出すための大事なプロセスなのです。

僕は、相手を理解するための深い雑談には、次の3つの要素が不可欠だと考えています。

①「好奇心」

②「知識」
③「経験」

好奇心とは、相手の360度に興味を持ち、その人格や考え方、好み、社会的立場なども含めて、全人的に関心を持つことです。

そこに、自分が持っている知識と、これまでに得た経験を総動員すれば、相手を理解するための会話が生まれます。

相手を理解するための会話ができれば、表層的な会話に終始するような雑談を避けることができます。

いくら雑談をしても、**上っ面の表面的な会話ばかりを繰り返していたのでは、お互いの信頼関係が高まることはありません。**

雑談の最中に会話が途切れたり、言葉に詰まったりするのは、こうした表面的な会話をしていることに理由があります。

ビジネスの場における雑談では、どんな話をする場合でも、次の4つのポイントを常に意識することが大切です。

①相手を驚かせないレベルの「自己開示」をして、自分という人間を知ってもらう
②好奇心を持って、相手の「人間性」や「人となり」を知ろうとする
③「信頼関係」の構築が目的であることを忘れない
④相手と「ラポール」を作れているか、客観的な目で観察しながら話す

こうした雑談を丁寧に積み重ねていくことが、ビジネスで成果を生み出すための「原動力」となるのです。

本書をお読みいただいたことに、深く感謝を申し上げます。
日本のビジネスマンが、雑談の「新たな可能性」を認識して、それを明日の仕事に役立ててくだされば、企業の戦略と組織のコンサルをしている者として、これほど嬉しいことはありません。

どこかでお会いする機会があれば、有意義な雑談の時間を共有できることを楽しみにしています。

最後になりますが、この本は編集の坂口雄一朗さん、関口雅之さんをはじめ、阿部真紀さん、神田美紀さん、佐藤博さん、鷹野麗さん、高宮正明さん、竹中花梨さん、西本留依さん、和田真さんのご協力なしには生まれませんでした。この場を借りて感謝申し上げます。本書を読み興味をもってくださった方は、拙著やFacebook/Twitter @piotrgrzywacz をご覧いただけたら幸いです。

カバーデザイン
金澤浩二

本文デザイン・DTP
鳥越浩太郎

カバー・本文イラスト
西田真魚

編集協力
関口雅之

［著者略歴］

ピョートル・フェリクス・グジバチ（Piotr Feliks Grzywacz）

連続起業家、投資家、経営コンサルタント、執筆者。プロノイア・グループ株式会社代表取締役、株式会社TimeLeap取締役、株式会社GA Technologies社外取締役。モルガン・スタンレーを経てGoogleで人材開発・組織改革・リーダーシップマネジメントに従事。2015年に独立し、未来創造企業のプロノイア・グループを設立。2016年にHRテクノロジー企業モティファイを共同創業、2020年にエグジット。2019年に起業家教育事業のTimeLeapを共同創立。ベストセラー『NEW ELITE』他、『パラダイムシフト 新しい世界をつくる本質的な問いを議論しよう』『世界最高のコーチ』など執筆。ポーランド出身。

世界《せかい》の一流《いちりゅう》は「雑談《ざつだん》」で何《なに》を話《はな》しているのか

2023年4月1日　初版発行
2024年10月23日　第10刷発行

著　者　ピョートル・フェリクス・グジバチ

発行者　小早川幸一郎

発　行　株式会社クロスメディア・パブリッシング
〒151-0051 東京都渋谷区千駄ヶ谷4-20-3 東栄神宮外苑ビル
https://www.cm-publishing.co.jp
◎本の内容に関するお問い合わせ先：TEL（03）5413-3140／FAX（03）5413-3141

発　売　株式会社インプレス
〒101-0051 東京都千代田区神田神保町一丁目105番地
◎乱丁本・落丁本などのお問い合わせ先：FAX（03）6837-5023
service@impress.co.jp
※古書店で購入されたものについてはお取り替えできません

印刷・製本　株式会社シナノ

　ISBN978-4-295-40810-9　C2034